Die baugeschichtliche Entwicklung
des Alten Hofes in München

Enno Burmeister

Die baugeschichtliche Entwicklung des Alten Hofes in München

1999
Buchendorfer Verlag

Titelabbildung: Der Alte Hof, colorierte Zeichnung
von Carl August Lebschée, München 1869.

Die Deutsche Bibliothek - CIP-Einheitsaufnahme
Burmeister, Enno:
Die baugeschichtliche Entwicklung des Alten Hofes in München /
Enno Burmeister. - München : Buchendorfer Verl., 1999
ISBN 3-934036-07-4

Satz und Repro: Design-Typo-Print, Ismaning
Druck und Bindung: Spiegel Buch, Ulm
Printed in Germany

ISBN 3-934036-07-4

Inhalt

1 Vorwort

Die der Sache nach sehr reizvolle Aufgabe, die Baugeschichte des Alten Hofes zu untersuchen, kann nicht nenneswert auf vorhergehende Abhandlungen zurückgreifen. »Die für die Geschichte der Dynastie und für den bayerischen Staat überaus wichtige Stätte ist verblüffenderweise weder historisch-quellenkritisch noch bauarchäologisch jemals gründlich untersucht worden; die Abbrüche, Neubauten und Umbauten, denen im Verlauf des 19. und 20. Jahrhunderts große Teile des Alten Hofs zum Opfer fielen, haben die Forschungslage zudem überaus erschwert«.[1] Die einzige, sehr verdienstvolle Monographie des Alten Hofes ist noch im letzten Jahrhundert vom Reichsarchivrat Dr. Christian Haeutle[2] erarbeitet, aber nicht publiziert worden. Dr. Birgit-Verena Karnapp[3] hat sich mit einem Teilaspekt auseiandergesetzt, nämlich dem Bau eines um 1830 errichteten Verwaltungsgebäudes als Ostflügel der Anlage, das – inzwischen verloren – keine große architekturhistorische Bedeutung mehr für das Ensemble Alter Hof besitzt; für die Autorin war es wegen der Person des entwerfenden Architekten von besonderem Interesse.

Die vorhandene Überlieferung zum Thema ist inzwischen auf viele verschiedene Archive und Ämter verstreut. Die zurückliegende Neuorganisation der staatlichen Bauämter wirkte sich insofern auf die Recherche nachteilig aus, als die Unterlagen von den teilweise langjährigen Betreuern des Objekts getrennt wurden und die entsprechenden Kontakte erst wieder hergestellt werden mußten. Erfreulich war dabei die große Bereitschaft und das Interesse der zuständigen Institutionen, im besten Sinne helfend zur Verfügung zu stehen und Informationen in jeder Form beizusteuern.

Trotzdem konnte in der zur Verfügung stehenden Zeit bedauerlicherweise längst nicht alles zugetragene oder in den Archiven entdeckte und ausgehobene Material sachgerecht bearbeitet werden, so daß gewisse Lücken geblieben sind und Fakten nicht ausreichend ausgeleuchtet und interpretiert werden konnten.

Die große historische wie architekturgeschichtliche Bedeutung das Alten Hofes und der bisher spärliche Bearbeitungsstand sollten Anlaß genug sein, sich im Zuge der zeitgenössischen Überlegungen zur weiteren Präsentation und Nutzung des Ensembles über diesen wichtigen Zeitabschnitt und Ort die entsprechenden und erforderlichen Informationen zu beschaffen, auch aus dem Bereich bereits gelaufener und noch laufender Untersuchungen zu Spezialthemen[4], hier besonders der Stadtarchäologie und Bauforschung, um eine umfassende Würdigung zu erreichen.

Eine Reihe von Archiven, Bibliotheken, Museen und Baubehörden haben die Recherchen dankenswerterweise sehr unterstützt, hier besonders das Bayerische Hauptstaatsarchiv, das Staatsarchiv München, das Stadtarchiv München und die Lokalbaukommission München mit ihrer Plansammlung, das Bayerische Nationalmuseum, das Bayerische Landesamt für Denkmalpflege, die Oberste Baubehörde und die Staatlichen Hochbauämter in München und Ingolstadt. Eine Reihe wertvoller Hinweise ergaben sich durch persönliche Gespräche u.a. mit den Herren Ministerialrat Dr. Böhme, Ministerialrat Hoffmann, Abteilungsleiter Dipl.-Ing Giulio Marano, Hauptkonservator Dr. Heinrich Habel, Stadtdirektor Dr. Richard Bauer sowie Dipl.-Ing Franz Hölzl, der zur gleichen Zeit Baualterpläne des Alten Hofes erarbeitete, Dipl-Ing Franz Kießling, der erste konzeptionelle Überlegungen anstellte, und zur redaktionellen Bearbeitung nachhaltig beitrug, als kritischer Diskussionspartner jederzeit zur Verfügung stand und zusammen mit Dr. Silke Burmeister die für eine Bearbeitung des Themas sehr hilfreiche Transkription des Textes von Christian Haeutle anfertigte und schließlich Dipl.-Ing Anke Wichmann, die die Entwicklung und Ausarbeitung der Bauphasenpläne besorgte. Allen genannten gilt im besonderen Maße dieser Dank.

Es wurde gewissenhaft angestrebt, die Nachweise für die verwendeten Fotos, Zeichnungen und Planunterlagen auf ihren Ursprungsort zurückzuführen, was durch die häufigen Wieder- und Weiterverwendungen nicht immer einfach war. Sollte das in einem Fall übersehen oder nicht korrekt gelungen sein, so wird um einen entsprechenden Hinweis gebeten.

München, September 1999   Enno Burmeister

2 München und der Alte Hof

Vielen alten, im Verlauf von mehreren Jahrhunderten gewachsenen Städten sind politische wie wirtschaftliche Höhen und Tiefen im Lauf ihrer Geschichte nicht erspart geblieben. Deshalb bieten sie ein vielfältiges und uneinheitliches Bild und damit eine Fülle sehr unterschiedlicher historischer Zustandsformen. Dem interessierten Betrachter gewähren sie gleichsam einen Blick wie in eine Illustration zur Geschichte der Stadt. Denn Monumentalbauten wie Bürgerhäuser aus unterschiedlichen Epochen haben sich entweder unverändert oder umgebaut und erweitert in der Gestaltungsvorstellung der Bauzeit oder ihrer letzten Umgestaltungsphase, im Straßenzug oder in der Platzwand nebeneinander erhalten. Was für die Straße oder den Platz gilt, das trifft später nach der Entfestigung gegen Ende des 18. Jahrhunderts auch für die neu entstehenden Stadtviertel zu: auf die klassizistische Erweiterung folgt diejenige des Historismus, des Jugendstils und weitere.

Andere städtische Organismen dagegen, die aus politischen, geographischen oder wirtschaftlichen Gründen zu irgendeinem Zeitpunkt einem Höhepunkt ihrer Entwicklung zustrebten, den sie wohl eine zeitlang gehalten, aber nicht mehr übertroffen, und sich aus dieser Sicht nicht mehr weiterentwickelt haben, wie Nördlingen oder Rothenburg, haben eben diejenige Erscheinungsform bewahrt und später konserviert, die sie zum Zeitpunkt des Höhepunkts ihrer Prosperität und Bedeutung erreicht hatten. Weil jüngere Gestaltungsformen im Stadtbild fehlen, erscheint das Bild einheitlicher oder einseitiger; und weil die verwendeten Stilmittel schließlich älter sind, wirkt das Straßen- und Platzbild altertümlicher. Dem Erscheinungsbild wird ein romantischer Zug zugeschrieben.

Wiederum andere Städte, deren Gründung auf einen hoheitlichen Akt, beispielsweise eines absolutistischen oder totalitären Herrschers, zurückzuführen sind, wie Freudenstadt, Mannheim oder Wolfsburg, sind bestimmt von den dafür typischen Gestaltungsvorstellungen. Diese sind geprägt oder sogar diktiert von der Demonstration der politischen Machtfülle: sie vermittelt ein einheitliches Bild, das sich stark durch die Orientierung der Bauten zueinander und zur weiteren Bebauung darstellt.

München ist im Gegensatz dazu geprägt von den unterschiedlichsten und vielfältigsten Geschehnissen, die in ihrer Summe die bauliche Entwicklung gelenkt und beeinflußt haben. So gehören zum Erscheinungsbild der Stadt

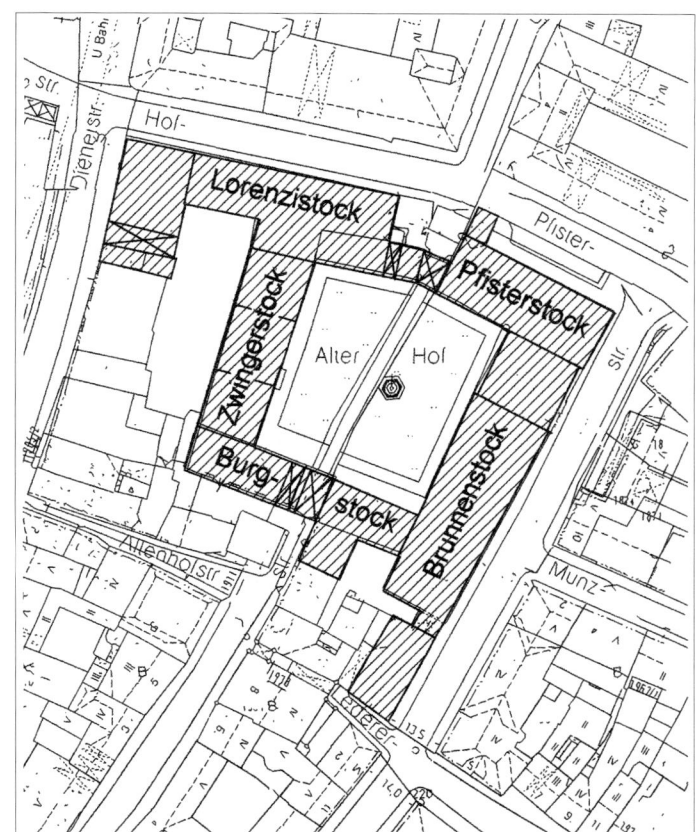

Abb.1 10. Bauphase
(M = 1:2000).
Nach teilweisen Zerstörungen 1944/45 werden 1957/61
im Nordosten der Pfister-
stock und der Brunnenstock
total abgebrochen und
durch Neubauten ersetzt.
Dieser Zustand ist bis heute
erhalten.

die spätmittelalterliche Frauenkirche und die barocke Theatinerkirche ebenso wie der mittelalterliche Rathaussaal und sein neugotischer Nachfolgebau oder der prächtige spätbarocke Raum des Cuvilliéstheaters und die moderne Arena des Olympiastadions.

Jeder, der sich in dieser Stadt für Architektur als gestaltgewordene Geschichte interessiert, muß sich mit diesen Meilensteinen der Architekturgeschichte auseinandersetzen. Obwohl der »Alte Hof« als früher Profanbau das wechselvolle Geschehen in den ersten vier Jahrhunderten der architektonisch faßbaren Stadtgeschichte fast als einziges erhaltenes Gebäude repräsentieren kann, wird dieses Bauwerk selten erwähnt. In dieser ersten Burganlage Münchens verfügt die Stadt über einen Repräsentanten früher herrschaftlicher Bautätigkeit und ein Relikt aus längst vergangenen Epochen, für die sich in keiner europäischen Residenzstadt etwas Vergleichbares erhalten hat: eine frühe kaiserliche Residenz, den ersten ständigen Amtssitz eines deutschen Kaisers.

In anderen ehemaligen Residenzstädten sind vergleichbare Bauten längst in Um-, Ergänzungs- oder Erweiterungsbauten aufgegangen, wie es später auch in der jüngeren Münchner Residenz, der »Neuen Veste« im Rahmen ihrer Entwicklung von der zunächst herzoglichen über die kurfürstliche schließlich zur königlichen Residenz mit den damit verbundenen ganz anderen räumlichen Ansprüchen der Fall ist.

Der »Alte Hof« verdankt seine Erhaltung und bauliche Entwicklung bis in unsere Tage den Wittelsbachern. Sie haben als regierendes Haus gegen Ende des Mittelalters an anderer Stelle einen Neubau, die »Neuveste«, als Regierungs- und Wohnsitz errichtet. Aber ihr Sinn für Pragmatismus und Wirtschaftlichkeit ließ den aufgegebenen Bau nicht untergehen, er fand eine neue Verwendung als früher Verwaltungsbau, in dem lange Zeit viele Behörden zusammengefaßt waren. Die Erhaltung war damit gesichert, aber ein ständiger Umbau, der das Bauwerk an die sich immer wieder ändernden Erfordernisse anzupassen versuchte, auch vorbestimmt.

Das heute als »Alter Hof« bekannte Bauensemble hat im Laufe der Jahrhunderte eine Reihe von unterschiedlichen Bezeichnungen geführt, wie sie die jeweilige Funktion und Bedeutung der baulichen Anlage widerspiegeln. Die frühesten urkundlich nachweisbaren Bezeichnungen[5] gehen auf die zweite Hälfte des 14. Jahrhunderts zurück und lauten »Castrum« oder »Castrum antiquum«, »Castrum vetus«, seltener »arx antiqua«. In vereinzelten Fällen taucht im 14. und 15. Jahrhundert auch der Begriff »alltes Sloss«, »Hof« oder »curia« auf. Der Begriff »Ludwigsburg«[6], der offenbar auf den Regierungssitz Kaiser Ludwigs des Bayern verweisen soll, ist urkundlich nicht belegbar[7] und wird von Haeutle richtigerweise als Schöpfung des frühen 19. Jahrhunderts und romantische Verklärung hingestellt.

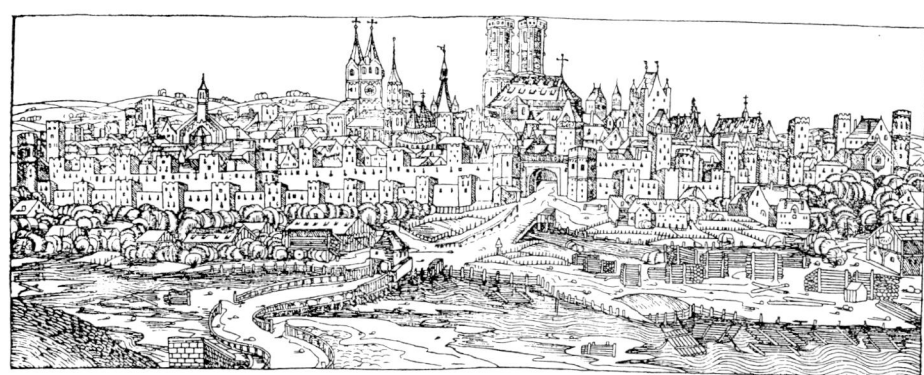

Abb. 2 Der alte Hof in der Ansicht von München aus Hartmann Schedels Weltchronik von 1493. Holzschnitt von Michael Wohlgemut. In dieser ersten Gesamtansicht Münchens ist die Frauenkirche noch ohne ihre »Welschen Hauben« zu sehen. Sie zeigt sich als das dominierende Bauwerk und Wahrzeichen eines bürgerlichen Münchens. Links danebenüberragen nur St. Jakob am Anger, St. Peter – noch mit Doppelturm – und der Turm des Rathauses das Weichbild, rechts ist es der Torturm des Alten Hofes. Die Neue Veste mit Palas und Christophturm liegt am äußeren rechten Bildrand. Die Zeitgenossen Schedels werden diese »Bedeutunsperspektive« richtig zu lesen verstanden haben.

Abb. 3 »Grundris der Churfürstl. Haupt u. Residenz Stadt München«. Beilage aus: Beschreibung der Haupt- und Residenzstadt München (im gegenwärtigen Zustande) von Professor Westenrieder.
München 1782.

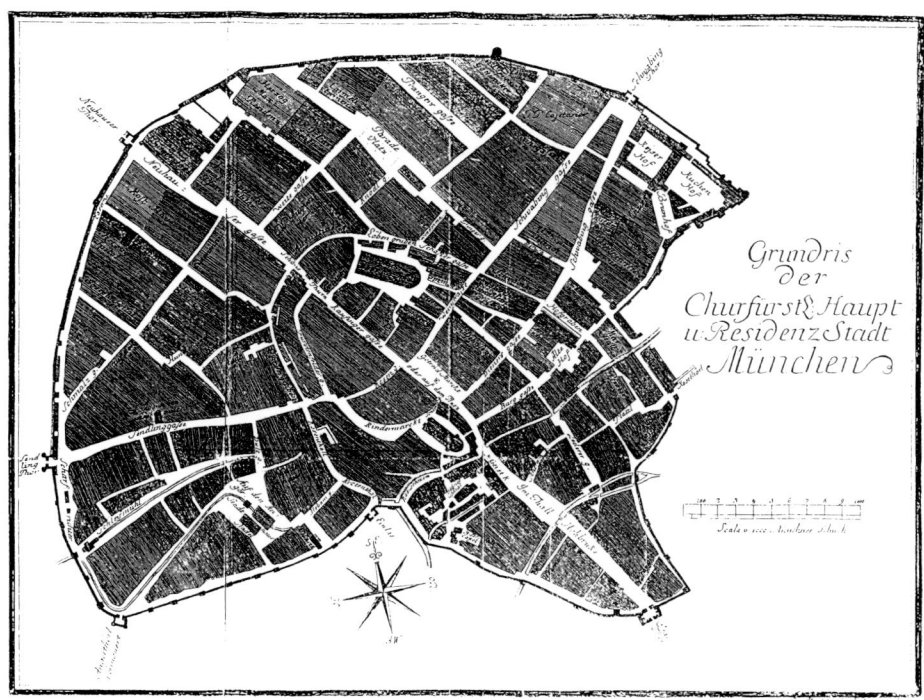

Vor allen Dingen wird die Burg aber im 15. und weit ins 16. Jahrhundert hinein als »alte Veste« bezeichnet. Daraus wird deutlich, daß mit dem Auf- und Ausbau der »Neuen Veste« bereits begonnen war. Da dieser Ausbau viele Jahrzehnte in Anspruch nahm, kommt der Ausdruck als Unterschei- dung vom Neubau das ganze 15. Jahrhundert mehrfach vor. Der Begriff »Altenhof« oder »Alter Hof« taucht in der ersten Hälfte des 14. Jahrhun- derts erstmals auf und wird dann bald regelmäßig benutzt. Aventin verwen- det die Begriffe »regia principium« und »alt vest«, als er über den Stadt- brand von 1327 und seine Folgen berichtet. Lorenz Westenrieder verwen- det 1782 den Begriff »Alter Hof«, eine Bezeichnung, die sich nach Haeutle mit Beginn des 17. Jahrhunderts in der Schreibweise »Altenhofe«, oder auch seltener »Altenhoue«, allgemein einbürgert. Ihn verwenden Ende des 18. und im 19. Jahrhundert auch die Autoren[8] der frühen monogra- phischen Werke über die Baukunst in München, sofern sie auch den Alten Hof erwähnen, oder bei plötzlich aufscheinenden baugeschichtlichen Ent- deckungen in München und schließlich auch Haeutle selbst in seiner unge- druckten Monographie über den »Alten Hof«.

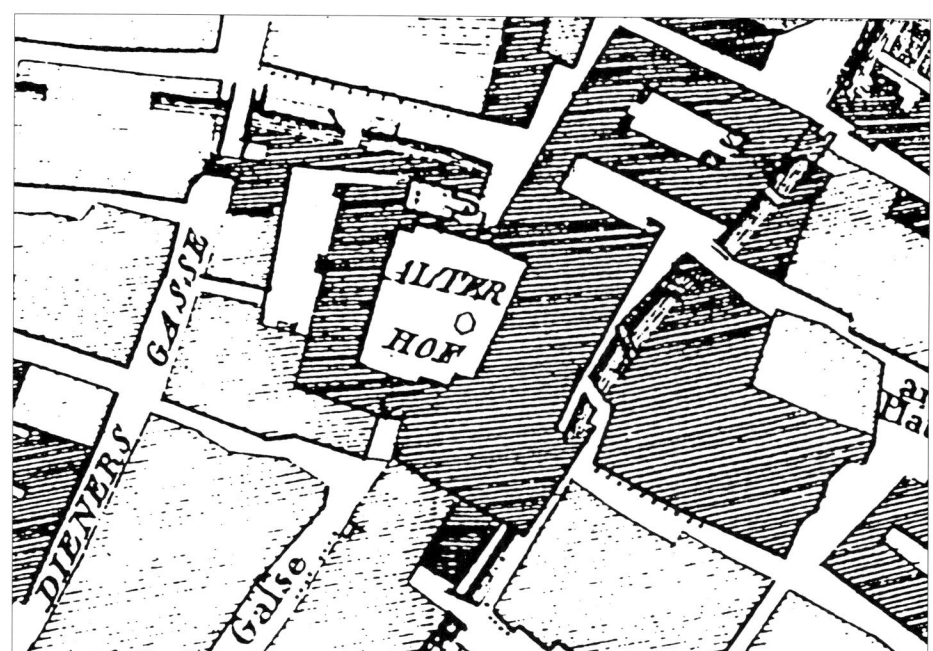

Abb. 4   Ausschnitt aus
einem Stadtplan, 1807.

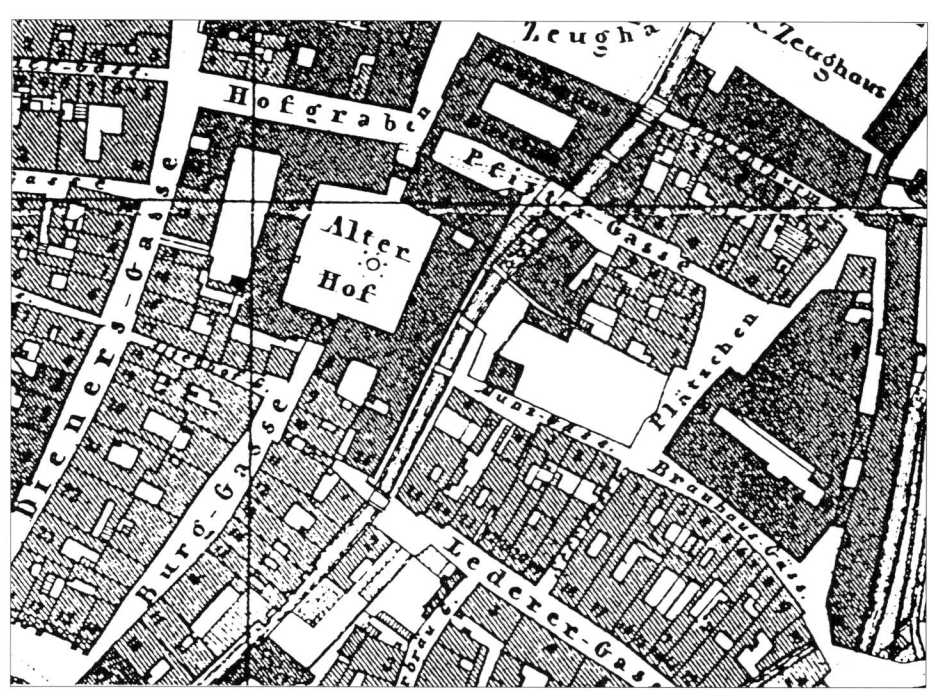

Abb. 5   Ausschnitt aus
einem Stadtplan, 1852.
In diesen beiden Kartenaus-
schnitten ist noch deutlich
eine Baulücke in der an die
Dienerstraße grenzenden
Bebauung zu sehen, wo der
erste Zugang zur Burg vermutet wird. Auch der Zwingerhof hat nach Westen eine
auffällige geradlinige Be-
grenzung, die auf eine frühe
Ummauerung des Zwingers
zurückzuführen sein könnte.

3 Lage im Stadtbereich

Der Alte Hof ist in München kein allseits bekanntes Gebäude der Münchner Baugeschichte. Der historische Baukomplex liegt abseits heute wichtiger, inzwischen aber auch bereits historischer Durchgangsstraßen in einem eher stillen Winkel der Nordostecke des ältesten Stadtkerns. Die frühe mittelalterliche Stadtmauer folgte seiner Figuration. Die Grundform, der vierseitig umbaute Hof, weist heute noch auf die ehemalige Funktion einer Burganlage hin, die ihre Wehrhaftigkeit aber wohl nie unter Beweis stellen mußte.

Der Platz gehört zu den ältesten Siedlungspunkten Münchens und fällt topographisch durch seine Höhenlage auf, eine zwar geringe, aber auch heute noch nachvollziehbare Erhebung, die nur noch im Petersbergl, dem Standort der Peterskirche, eine Entsprechung findet.

Von der Ostseite des Marienplatzes führt direkt hinter der ältesten Stadtmauer und etwa parallel zu ihr eine schmale Stichstraße in ziemlich gerader Linie direkt auf einen Turm zu, der den Eingang in das Ensemble markiert. Diese Straße könnte sogar die älteste Nordsüdverbindung durch München sein[9], sie wäre dann mit der Anlage des späteren Herrenhofes, spätestens aber mit dem Ausbau zum ersten Herrschersitz, nach Westen, etwa in den Verlauf der heutigen Dienerstraße verlegt worden. Das Portal im Hofturm war das eine Tor in den Burghof, im Norden gab es einen weiteren Eingang. Für die Überbauung auch des nördlichen Burgtores mit einem Turm gibt es zwar gelegentliche Vermutungen in der einschlägigen Literatur aber keine nachvollziehbaren Fakten. Erst zum Abschluß der Instandsetzungarbeiten 1966 und dem dabei entstandenen zusätzlichen Durchgängen im Süden und im Norden ist diese historische Verbindung wieder als Verkehrsachse, allerdings im wesentlichen für Fußgänger, nachvollziehbar geworden. Verkehrstechnisch spielt sie heute keine Rolle mehr. Wer heute den Innenhof von Norden her durchschreitet, fühlt sich leicht in vergangene Zeiten zurückversetzt, vor allem dann, wenn der Blick des Betrachters auf den Affenturm fällt. Der Blick von Norden in diesen inneren Winkel des ältesten Bauteils zeigt einen Zustand, wie er mit nur geringen Abstrichen aus dem späten Mittelalter überliefert ist. Die den Baubestand nördlich tangierende Straße »Hofgraben« entspricht etwa dem Verlauf des Grabens vor dem ersten Mauerring. Die Fortsetzung an der Ostseite hatte noch längere Zeit einen offenen Graben, die Sparkassen-

straße in der heutigen Form ist erst 1915 mit der Überwölbung des Pfisterbaches entstanden. Die im Abstand zum Alten Hof westlich vorbeiführende Dienerstraße hatte einmal einen Zugang in den Zwingerhof, parallel zur heutigen Altenhofstraße. Eine entsprechende Baulücke ist noch bis hin zu den Katasterplänen des vorigen Jahrhunderts nachweisbar. Seit der Erbauung des Dallmayr-Hauses 1912 ist die Lücke geschlossen und im Stadtbild nicht mehr zu erkennen. »Abgliederung und zugleich Verbindung sind bis heute für das Verhältnis des Alten Hofs zur Altstadt charakteristisch geblieben«.[10]

Abb. 6   Ehrenpokal mit Darstellung des Alten Hofes von Carl Winterhalter, 1888. Der aus Silber gearbeitete Deckelpokal, dessen traubenförmiger Schaft sich auf mittelalterische Vorbilder bezieht, bestätigt die Wertschätzung des Alten Hofes im ausgehenden 19. Jahrhundert. Bemerkenswert ist die detailfreudige Rekonstruktion der mittelalterlichen Erscheinung der Anlage, die sich auf teils bekannte, teils unbekannte Quellen gestützt haben muß: zu beachten ist z. B. die Rekonstruktion des südlichen Torturms und der St. Lorenz-Kirche, bei der auf dem Dach des Treppenturms sogar die Skulptur des Affen wiedergegeben wurde. Die Vorbilder für die nordöstliche Flanke der Anlage sind unbekannt, doch spricht das stark abfallende Gelände von einer sehr realistischen Einschätzung des mittelalterlichen Zustands.

4 Die Frühzeit des Alten Hofs

4.1 Frühe Besiedlung

»Weitaus die meisten bayerischen Städte sind Gründungen der Herzöge und gehören hinein in jenes bewegte Jahrhundert, in dem sich auch das wittelsbachische Landesfürstentum ausformte.«[11] So zeigen auch viele bayerische Städte in ihrem Grundriß ein München vergleichbares Bild: eine durchgehende Hauptstraße öffnet sich platzartig für ein kurzes Stück[12], die Enden der Straßen verengen sich dann wieder und sind durch wuchtige, gedrungene Türme abgeschlossen. Der so entstandene hochmittelalterliche Handelsplatz, das organische Zentrum der Stadt, wurde als Markt genutzt. Rund um diesen Platz gab es die erforderlichen gedeckten Flächen für die Abwicklung der mit dem Markt zusammenhängenden Tätigkeiten. Alles, was nicht direkt mit diesen lebenswichtigen Aktivitäten zu tun hatte, mußte mit dem Randbereich vorliebnehmen. Dazu gehörten die Bauten der kirchlichen Einrichtungen ebenso wie der Sitz für den Landesherrn oder seinen Vertreter. Dieser Herrschersitz hatte nicht die Aufgabe, die Stadt in eine Zwingburg zu verwandeln, die bauliche Befestigung sollte die Handelstadt nur zu einer begrenzten Abwehr schwächerer Kräfte befähigen.

Die Lage des vorgesehenen Geländes an der deutlich ausgebildeten Hangkante des Isarhochufers mit einem Gefälle nach Norden und Osten und dem an der Ostseite vorbeifließenden Bach war für die Anlage eines Herrenhofes in dörflicher Umgebung eine gute Voraussetzung. Nach dem Stand der Forschung kann man davon ausgehen, daß zum Zeitpunkt der Belehnung des Welfenherzogs Heinrich mit Bayern 1156 und der Stadtgründung 1158 »die Siedlung ›bei den Mönchen‹ schon vor der Marktgründung eine bedeutendere Ortschaft war, als bisher angenommen.«[13] Sie war möglicherweise schon in einfacher Form durch einen Wall oder Palisaden gesichert. In diese Umwallung war auch die frühe Burganlage einbezogen, die Stadtbefestigung bildete dabei einen Teil der Hofbefestigung. Die oft herangezogene Erwähnung eines »Ortolf qui preest muro«[14] kann als der früheste schriftliche Beleg für die Existenz einer Stadtmauer mit einem Mauer-Vorsteher interpretiert werden. Für das Jahr 1175 oder 1176 ist noch einmal mit der Anwesenheit Heinrich des Löwen in München zu rechnen. In dieser Zeit könnte er die Befestigung Münchens in Erwartung

Abb. 7 1. Bauphase:
(M=1:2000).
Die Umfassungsmauer, der
Brunnen in der späteren
südlichen Durchfahrt und
der nasse Graben davor sind
nach Befund eingetragen.
Zugleich ist eine vermutlich
erte Bebauung in Form von
»Steinhäusern« durch eine
Torhalle, den Rittersaal und
einen Bergfried, der nach
Fundamentresten nordwest-
lich der Hofmitte angenommen wird, dargestellt. Der
Verlauf des Grabens vor
dem westlichen Burgstock
und dem Zwingerstock ist
hypothetisch. Es kann davon
ausgegangen werden, daß
verschiedene, im Einzelnen
nicht nachgewiesene, in der
Größe unterschiedliche,
aber noch bescheidene
Holzbauten von innen an die
Mauer angelehnt waren.

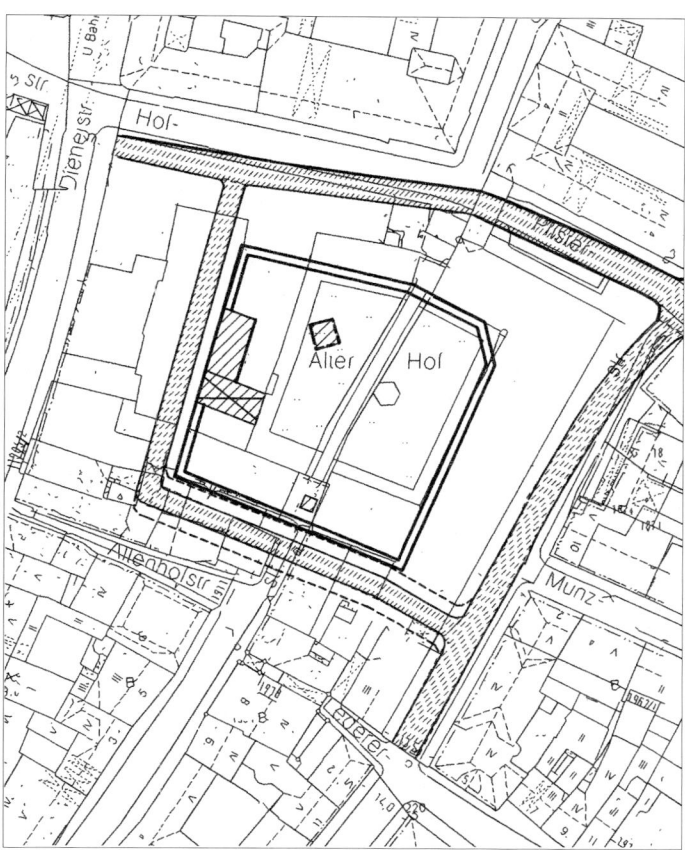

einer kriegerischen Auseinandersetzung mit dem Kaiser veranlaßt haben, denn »Wall und Graben sind in ihrem noch sicher zu rekonstruierenden Verlauf einheitlich geplant«[15]. Weite Strecken an der Ost- und Südseite sind dabei durch die natürliche Hangkante zum Überschwemmungsgebiet der Isar vorgegeben, an der West- und vor allem der Nordseite mußte der Hang zur Führung und Flutung des Grabens tief eingeschnitten werden.

4.2 Der herzoglich-welfische Verwaltungshof

Da Heinrich nur selten in der Stadt war, sie aber auf der Basis einer machtvollen Auseinandersetzung mit dem Bischof gegründet hatte, mußte er davon ausgehen, daß ihm dieser Vorgang streitig gemacht würde. Aus dieser Sicht war eine Verteidigungsbreitschaft und -möglichkeit für die Neugründung überlebenswichtig. Daher kann man davon ausgehen, »daß der Welfe seine Gründung von Anfang an in vollem Umfang verteidigungsfähig machte«[16]. Diese Befestigung des Marktes kann nach dem Stand der damaligen Wehrtechnik ein Erdwall, vielleicht mit einem vorgelegtem gefluteten Graben und eventuell einem Wehrzaun in Form von Palisaden gewesen sein, wie ein Brand- oder Zerstörungshorizont aus dem 12. Jahrhundert im gesamten Stadtgebiet zeigt.

Der Bereich des heutigen Alten Hofes in der Nordostecke des ältesten Teiles der Stadt mit der topographisch herausgehobenen Situation dürfte spätestens mit der Gründung der Stadt 1158 für den Bau eines Herrensitzes vorgesehen gewesen sein[17]. Dabei wird der Bereich deutlich größer gewesen sein, als die Bebauung des Alten Hofes heute ausweist; er reichte wahrscheinlich bis an die heutige Dienerstraße und überschritt in Teilen die Altenhofstraße nach Süden[18]. Vielleicht war dieses so beschriebene Geviert vollständig mit einem Wassergraben umgeben – so wie er auf der Südseite der Anlage bereits ergraben worden ist. Wie weit dieses Gelände bei der Gründung der Stadt allerdings auch bereits bebaut war, ist strittig.

Für die Burg sind Fundamente, die möglicherweise zu einem Turm gehören, ungefähr in der Mitte der heutigen Anlage nachgewiesen[19]. Ferner sind bei Grabungen Fundamente in der Nähe des heutigen Burgtores freigelegt worden, die durch Keramikfunde ab 1157/58 datiert werden können; in die gleiche Zeit gehören Pfostenlöcher etwas weiter nördlich. Das läßt vielleicht auf einen Bautyp mit einem Bergfried in der Mitte und umgebenden Nebengebäuden schließen, wie er – jünger – heute noch im Bild der Burg von Haag in Obb. vor uns steht. Diese Befestigung auch auszubauen, fehlte Heinrich die Zeit, da er schon 1180 wegen Verweigerung der kaiserlichen Heerfolge in die Reichsacht fiel und als sein Nachfolger

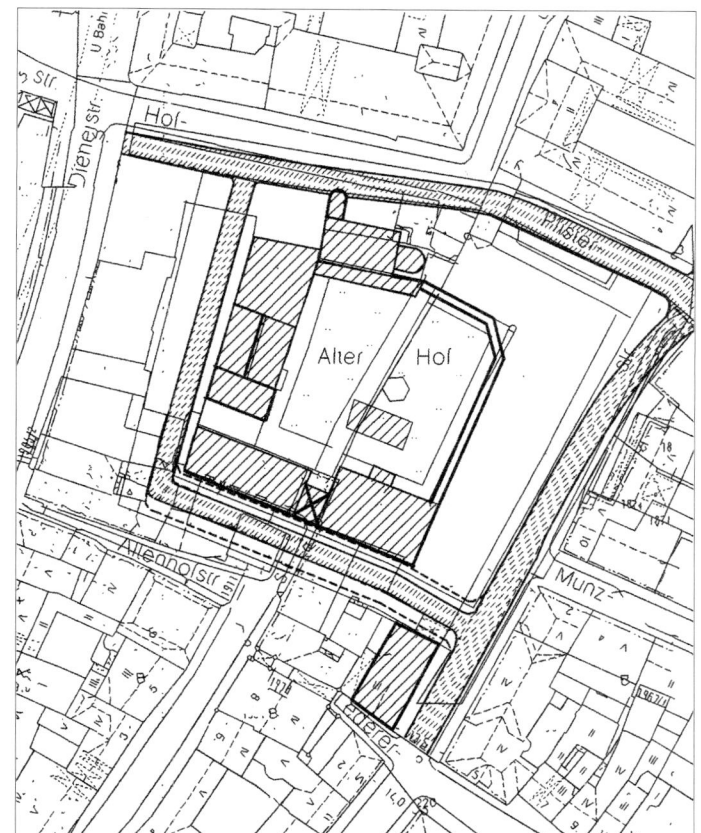

Abb. 8 2. und 3. Bauphase
(M=1:2000).
Neben der Umfassungsmau-
er ist die St. Lorenz-Kirche
und der Zwinger- wie Burgstock dargestellt. Es ist allerdings davon auszugehen, daß
die weiteren Partien der
Burgmauer nicht völlig
ohne weitere kleinere leichte
Bauten bestanden hat.

der Bayerische Pfalzgraf Otto IV. als Herzog Otto I. mit Bayern belehnt wurde. Da Otto aber schon 1183 starb und für seinen minderjährigen Sohn eine Vormundschaftsregierung tätig werden mußte, ist für diese Zeitspanne keine nennenswerte Bautätigkeit zu erwarten. Für das erste Viertel des 13. Jahrhunderts sind nicht weniger als sechs Aufenthalte Herzog Ludwigs I. in München nachgewiesen[20], bei denen auch Repräsentationspflichten auf den Herzog zukamen, für die geeignete Räumlichkeiten in seiner Burg vorhanden gewesen sein mußten.

5 Der Alte Hof als Sitz der Wittelsbacher

5.1 Der Fürstenhof

Kaiser Heinrich V. setzte 1121 auf dem Reichstag zu Regensburg den in Bayern alteingessenen Grafen Otto IV., der sich als erster seines Geschlechts nach seiner Stammburg bei Aichach »Wittelsbach« nannte, als Pfalzgrafen ein. In dieser Funktion hatte Otto das Königsgut im Herzogtum Bayern zu verwalten und war die letzte Gerichtsinstanz. Diese Aufgabe ging 1156 auf seinen Sohn Otto V. (1117/83) über, der am 16. September 1180 als Herzog Otto I. von Kaiser Friedrich Barbarossa mit dem Herzogtum Bayern belehnt wurde.

Zwischen 1200 und 1226[21] war dessen 1183 minderjährig auf den Thron gekommener Sohn[22], Herzog Ludwig I., der Kehlheimer (1173/1231), nachweislich mindestens fünfmal in München. Da für diese Zeit auch bauliche Aktivitäten des Herzogs, wie die Gründung des Heiliggeistspitals[23], nachgewiesen sind, wird man davon ausgehen dürfen, daß er neben der Stadt auch seine eigene Residenz für einen längere Zeit dauernden Aufenthalt ausgestattet hat. In welcher Weise das geschehen sein kann ist völlig offen.

Der Ausbau der Stadt verlief in den vorgezeichneten Bahnen: der durch das angelegte Straßenkreuz bestimmte Grundriß wurde ausgebaut, die Befestigung auf der Basis der Vorgaben weitergeführt. Erst in der zweiten Hälfte des 12. Jahrhunderts ist mit einem allmählichen Austausch der Erdwälle gegen eine zweischalige Stadtmauer zu rechnen. Da die Bebauung einen deutlichen Streifen hinter den Wällen aus Gründen der Verteidigungsmöglichkeit und der Gefahr durch Brandgeschosse freiließ, konnte sich die Stadt in dem frühen Geviert ausreichend ausdehnen. Es lebten wohl nicht mehr als 400 bis 500 Einwohner in der Stadt.

Unter diesen Vorraussetzungen ist es auch zu diesem frühen Zeitpunkt nicht mehr ganz vorstellbar, daß eine Fernstraße das Gelände des Alten Hofes kreuzte, wie in der Forschung angenommen wird[24], das hätte spätestens jetzt als störend angesehen werden müssen und zu ihrer Verlegung geführt. Im übrigen vermieden frühe Wege Senken und Kuppen und nahmen lieber kurvige Umfahrungen in Kauf.

Die nördliche Kante zum späteren Hofgraben spricht also auch aus dieser Sicht gegen eine noch bestehende Wegeverbindung durch das Geviert des hochmittelalterlichen Hofes.

Mit der ersten bayerischen Landesteilung vom 28. März 1255 gewann München als Residenzstadt an Bedeutung. Darauf weisen auch verschiedene familiären Ereignisse[25] hin, die für München nachgewiesen sind. Sie setzen die bauliche Entwicklung einer Burg voraus.

Im Rahmen dieser ersten bayerischen Teilung fällt das Oberland an Herzog Ludwig II., den Strengen. Das wird die Voraussetzung dafür gewesen sein, daß Ludwig daran interessiert gewesen sein mußte, auch in München endgültig über einen ausreichenden und angemessenen Wohnsitz zu verfügen. Eine Vierflügelanlage im Nordwesten der Stadt wird erwähnt. Dazu muß auch eine Kapelle gehört haben, ein Vorläuferbau der späteren Lorenzikapelle. In manchen Quellen wird schon für 1255 die Beendigung der Errichtung einer gotischen Kapelle erwähnt. Indirekt wird beides schließlich 1258 bestätigt. In diesem Jahr findet am 6. Oktober in München die Vermählungsfeier der Schwester Elisabeth[26] des Herzogs Ludwig II. mit Graf Meinhard IV. von Görz und Tirol statt.

Die Vermählungsfeier setzt zwangsläufig voraus, daß entsprechende Baulichkeiten vorhanden gewesen sein müssen, um Platz zu bieten für einen ganzen Hofstaat mit Gefolge und die räumliche Möglichkeit zur Abhaltung einer größeren Familienfeier. Daher wird man mit einiger Sicherheit davon ausgehen können, daß das auch mit einer Anpassung der vorhandenen Baulichkeiten verbunden gewesen ist, die von Umbau und Anbau bis Neubau reichen werden. Die in einer Quelle für diesen Zeitpunkt erwähnten steinernen Häuser dienten als Wohnräume. Die Nebengebäude sind in dieser Phase sicherlich noch weitgehend kleinere Holzbauten, die entweder frei im Hof aufgestellt waren oder sich an die Burgmauer anlehnten. Unter diesen Nebengebäuden ist lediglich ein Steinbau für diese Zeit überliefert: das Zerwirkgewölbe wird 1264 parallel zum Stadtbach errichtet. Es hat sich in seiner Grundstruktur bis heute erhalten.

Es kann aber zu dieser Zeit noch nicht von einer ständigen Residenz geredet werden, denn die Familie wohnt auch noch wechselweise in anderen Burgen wie Dachau, Wolfratshausen oder Vohburg. Zum ständigen Aufenthaltsort wird der Münchner Alte Hof erst 1294 mit dem Regierungswechsel zu Herzog Rudolf. Damals wurden München durch Herzog Rudolf I.[27], Sohn von Ludwig II., die Stadtrechte verliehen und die Residenz als Ausstellungsort von Herzogsurkunden genannt.

Abb. 9 (rechts) Das Stifterrelief aus der St. Lorenz Kirche im AltenHof, heute im Bayerischen Nationalmuseum München. Das ursprünglich farbig gefasste Relief zeigte früher die Datierung »1224«.

Abb. 10 (rechts) Wandmalerei aus dem Alten Hof, ursprünglich vermutlich im Erdgeschoß des südlichen Zwingerstocks, heute im Bayerischen Nationalmuseum München: Wittelsbacher Ahnen mit Wappen und Reimunterschriften (siehe auch Seite 48).

5.2 Ausbau als kaiserliche Residenz

Die zweite bedeutende Bauphase für den Alten Hof ging von Herzog Ludwig IV. (1282/1347), dem späteren Kaiser Ludwig, aus. Er regierte von 1294 an und stand zunächst unter der Vormundschaft seines älteren Bruders Rudolf. Ab 1302 konnte er sich eine Mitregentschaft sichern. 1310 erhielt er durch eine mit seinem Bruder geschlossene Nutzungsteilung den Landesteil Bayern-Ingolstadt-Amberg. Durch die militärischen Erfolge seines Bruders beeindruckt – Ludwig hatte in der Schlacht bei Gammelsdorf 1313 die habsburgischen Streitkräfte geschlagen und war 1314 zum König gewählt worden – willigte Rudolf 1315 gütlich in eine gemeinsame Regentschaft ein. Als Rudolf 1319 starb, war Ludwig Alleinregent und wenigstens der inneren Kämpfe ledig.

Erst damit war München zu seiner Residenzstadt geworden, jetzt erst konnte er die weitere Entwicklung Münchens und der Residenz beeinflussen oder bestimmen, was ihm besonders seit der Wahl zum Römischen Kaiser 1328 ein Anliegen war. Allerdings: »Von 33 Regierungsjahren sollte der Bayer keine sechs in seiner Hauptstadt zubringen«[28].

Für die Zeit nach diesem Regierungsantritt sind wieder Baumaßnahmen nachweisbar. Auf Ludwig IV. geht wahrscheinlich der Ausbau vom Burgstock und die Erweiterung um den Zwingerstock zurück[29]. Ludwig führte den schon von seinem Vorgänger begonnen Lorenzistock weiter und ist wohl der Bauherr wenn nicht der Hofkirche St. Lorenz selbst, so doch mit Sicherheit des Anbaus eines Chores und vielleicht auch einer gotischen Ausgestaltung des Innenraumes. Mit seiner Wahl zum Deutschen Kaiser wird diese Hofkapelle Aufbewahrungsort für die Reichskleinodien. Er bemühte sich aber auch um den Ausbau seiner Residenzstadt, schuf im Alten Hof eine akademieähnliche Einrichtung und philosophische Schule, in der Vorträge veranstaltet wurden und die Minoritengespräche stattfanden. In diese Zeit fällt auch der Münchner Stadtbrand vom 14. Febr. 1327. Über die Einwirkung auf die herzogliche Burg sind die Chronisten sich nicht einig. Während Aventin behauptet, daß neben dem Angerkloster, der Peterskirche und dem Hl.Geistspital auch die herzogliche Burg mit einem Drittel der Stadt zerstört wurde, schreiben andere, daß ein Teil der Residenz ausbrannte. Merkwürdigerweise hat dieses Ereignis keinen Eingang in die Hofkammerrechnungen gefunden, beispielsweise in der Form von außergewöhnlichen Kosten für Baumaßnahmen. In Aufzeichnungen des herzoglichen Kastners Johann von Kammerberg[30] findet sich für die Zeit von 1359 bis 1364 bei verauslagten Geldern für Neubauten und Reparaturen im Alten Hof der Hinweis auf »4 Steinhäuser«. Damit können nur der Burgstock und die drei Teile des Zwingerstock gemeint sein.

Abb. 11 St. Lorenz am Alten Hof. Inneres. Aquarellierte Zeichnung von Wilhelm Rehlen, 1816. Die sehr detaillierte Darstellung läßt den Innenraum durch die zu kleinen Staffagefiguren allerdings größer erscheinen. Tatsächlich war das Kirchenschiff wohl nur ca. 9 m breit, und ca. 15 m lang.

Der Alte Hof ist gegen Ende des Jahrhunderts eine Bausubstanz, die den Burganlagen der Zeit entspricht: Steinhäuser, die aneinandergereiht und von einer Mauer umgeben sind, in der ein Torturm den Eingang schützt, also die typische Randhausbebauung. Vor den Mauern verlaufen Gräben, deren Wasser nicht nur dem Schutz dient sondern auch für bestimmte Fälle »gewerblich« genutzt wird, wie das Beispiel der Brauerei und des Zerwirkgewölbes zeigt. Im Hof selber, der offensichtlich keinen Vorhof gehabt hat und aus dieser Sicht auf einen wesentlichen Schutz- und Verteidigungsbereich verzichtete, gab es nur bescheidene, hölzerne Nebengebäude freistehend oder an die Mauer angelehnt.

5.3 Die Hofkirche St. Lorenz

In den Jahren von 1294 bis 1324[31] wurde im Norden des Alten Hofes mit der Hofkirche St. Lorenz[32] der bauliche Abschluß gefunden. Es darf davon ausgegangen werden, daß schon die frühe Burg eine Kapelle besaß, von bescheidener Größe an einem heute unbekannten Ort in den Baukörper der Burg integriert gewesen sein muß, die später, als außerhalb der Stadtmauer die Hofkirche errichtet wurde, vielleicht zunächst auch als Kapelle erhalten blieb. Zwei sakrale Orte innerhalb einer umfangreichen Burganlage sind nicht ungewöhnlich. So berichtet Johann Paul Stimmelmayr[33] beispielsweise für einen späteren Zeitpunkt von einer Kapelle mit einem der Hl. Maria Magedalena geweihten Altar im westlichen, turmartigen Anbau[34] der Kirche.

Über den Zeitpunkt der Erbauung der Kirche gehen die Meinungen auseinander, es bleibt unklar, ob Kaiser Ludwig, den Norbert Lieb einen frühen Repräsentanten des Begriffs »Residenzherrschaft«[35] nennt, seine Hofkirche, die immerhin bis 1347 die Insignien der kaiserlichen Herrschaft, die Reichskleinodien, aufzunehmen hatte, von Grund auf errichtet oder ein bereits vorhandenes Gebäude ausgestattet und erweitert hatte.

Wichtig ist in dem Zusammenhang eine Urkunde Herzog Ludwigs IV. – seit 1314 deutscher König – vom 20. Febr. 1321[36], mit der der König für seinen verstorbenen Bruder Rudolf eine Stiftung errichtete. Diese billigt pfarrliche Rechte für einen Kaplan der »Capell in unßerer Burge zu München«, vergleichbar den Pfarrern der Frauen- und Peterskirche. Diese Feststellung setzt die Existenz einer Kapelle[37] bereits voraus, sagt aber noch nichts aus über ihre Lage und Größe, sie muß also nicht zwingend mit dem späteren Standort nördlich außerhalb der ersten Burgmauer identisch sein.

Wenig später wurde vom gleichen Herzog in einer Urkunde vom 30. Dezember 1329 wieder eine Kapelle erwähnt. Damit ist belegt, daß Burg und Kapelle zu diesem Zeitpunkt bereits bestanden haben müssen, denn sie führt aus:

»(...) capellae in castro nostro Monacense instructae et constitutae ac in honore gloriosae virginis Margarethae venerabiliter consecratae damus et tradimus (...) omnes de navios nostros censuales in foro nostro Pfaffenhoven (...) et curiasse nostram in Oberndorf prope forum Dachaive (...) inclusa etiam curia in Mittersentling quam eidem capellae pater noster [Herzog Ludwig II., d. Verf.] piae memoriae pro dote donavit etc sic quod sacerdos etc. hujus modi: bonis et obventionibus pro sustentatione congrua et necessaria perfruatur (...)«[38]

Diese Kapelle soll vor 1324 von Ludwig IV. vergrößert worden sein, »indem er ihr einen vorderen Chor anbauen ließ«.[39] Da ausdrücklich nur von einem Chor die Rede ist, müßte ein Kirchenschiff bereits bestanden haben.

Wenn die Hofkirche auf Ludwig II., den Strengen (1253/94), zurückgeführt wird, muß sie bis spätestens 1294 gebaut worden sein. Möglicherweise hat dann sein Sohn, Ludwig IV., der Bayer (1294/1347 als Herzog von Bayern), die Kapelle 1324 um den Chor erweitert. Dieser Zeitpunkt ist durch die Datierung am oberen Rand des Stifterreliefs[40] aus der Kirche überliefert, die inzwischen allerdings unleserlich geworden ist. Dieses Jahr ist auch der Zeitpunkt, zudem Ludwig IV. von Papst Johannes XXII. exkommuniziert und das Reich mit dem Interdikt belegt wurde: die Spendung der Sakramente war damit im ganzen Reich verboten. Der Papst wollte dadurch seinen Anspruch auf das Recht über die Thronfolge im Reich als päpstliches Recht unterstreichen. Da es Ludwig aber gelungen war, seine Position kontinuierlich zu festigen, unter anderem auch durch den Sieg in der Schlacht bei Gammelsdorf, blieb das Verbot von den Priestern, besonders der Minoritenorden, unbeachtet. Der Umstand, daß er ausgerechnet als Exkommunizierter seine Hofkapelle erweiterte und wohl auch mit einem Altar zu Ehren des Hl. Laurentius (Lorenz)[41] ausstattete, ist als Anspruch Ludwigs zu verstehen, seine Religiosität nicht mit dem Verdikt des Papstes in Zusammenhang zu bringen.

Diese Auffassung über den zweistufigen Bau, bzw. Ausbau der Hofkirche vertritt auch Franz Reber in seinem »Bautechnischen Führer«, wenn er schreibt: »(...) die Kapelle, welche von Ludwig dem Bayern 1324 etwas umgebaut und erweitert wurde (...)«[42]. Johann Paul Stimmelmayr erwähnt gegen Ende des 18. Jahrhunderts ein Relief in der Kirche, von dem später noch die Rede sein wird, an dem ebenfalls »oben die Jahreszahl 1324« angegeben ist.

Unabhängig von der Entstehungsgeschichte der Hofkirche und den damit zusammenhängenden Baumaßnahmen Ludwigs des Bayern gilt dieser Sakralbau als bedeutendste Baumaßnahme in München am Anfang des 14. Jahrhunderts, mit der der Kaiser seinem Willen Ausdruck verlieh, München als Residenzstadt repräsentativ auszubauen, womit ein wirtschaftlicher Aufschwung der Stadt eingeleitet wurde.

In den Überlieferungen werden für die Hofkirche zwei Sakristeien und ein »Kreuzgang« genannt. Erstere waren südlich an die Kirche angebaut und durch einen Raum vom Nordausgang des Hofes zu betreten. Für den »Kreuzgang« gibt es keine weiteren Notizen. Man kann nur spekulieren, ob damit der hölzerne Gang gemeint sein kann, der im ersten Obergeschoß an der Südwand der Kirche vorbeilief. Er zeichnet sich durch eine wenigstens begrenzte Abgeschlossenheit aus und könnte die beiden Schränke aufgenommen haben, die in einem Inventar erwähnt werden und durch die u.a. das Vorhandensein eines »Kreuzgangs« belegt ist.

Für die Zeit nach der Hofhaltung sind nur noch verschiedene kleinere Baumaßnahmen erwähnt. Nach 1592 wurde die Kirche offenbar neu gestrichen und die Turmuhr repariert. Die Transferierung eines Benefiziums von der Lorenzkirche in die Hofkirche der Neuveste ist der Beginn der allmählichen Vernachlässigung. Zunächst geschah das liturgisch und setzte sich anschließend auch baulich durch die Verweigerung des erforderlichen Bauunterhalts fort. Um 1670 wird eine Umgestaltung des Altares in der Lorenzkirche erwähnt.

In diese Zeit fällt 1787 die erstmalige Nennung eines Neubauprojekts im Alten Hof, das das weitere Schicksal der St. Lorenzkirche stark beeinflußt, sich dann doch noch länger hinauszögert, aber 29 Jahre später in Angriff genommen wird: die Errichtung eines Gebäudeflügels längs des Hofgrabens, dem die Hofkirche im Wege steht. Da der Hof die Kirche nicht mehr besuchte, bestand auch keinerlei Interesse, das Bauwerk zu erhalten. Das galt auch für den Tag des Patroziniums, den 10. August. So war im Hofkalender jedes Jahr zu lesen: »(...) an diesem Tage ist: Patrocinii Fest zu Alten Hof, allwohin Ihre Churfl. Durchlaucht Vormittag um 11 Uhr über die Kunst- und Hof-Cammer gehen und allda dem Gottesdienst (im Oratorium) beywohnen (...)«[44] werde. Häufig erschien der Kurfürst gar nicht mehr und ab 1741 wurde sogar der Vermerk im Hofkalender weggelassen. So verfiel die Kapelle zusehends und man begnügte sich zum Bauunterhalt mit »fortwährendem Flickwerk«[45].

Die Turmuhr ging 1749 schon sieben Jahre nicht mehr, man hatte vergessen sie zu warten, so daß die Wiederinstandsetzung teuer wurde. Zwölf Jahre war die Kirche nicht mehr gereinigt und gestrichen worden. Schon 1757 mußte die Uhr wieder repariert werden. Bei allen Kostenangeboten wurde bemängelt, daß die Kosten zu hoch seien, ein deutliches Kennzeichen dafür, daß man für die Kirche kein Interesse mehr aufbringen konnte. Für die Erneuerung der Kirchenfenster wurde der Betrag sogar heruntergehandelt. 1789 wurde zwar noch eine Hofpfarrei eingerichtet und ein Hofbischof bestellt, aber auch dadurch konnte das Schicksal der Kirche nicht mehr abgewendet werden. 1794 schlug der Blitz in die Turmuhr, aber man reparierte sie noch einmal. 1806 wurde die Kirche geschlossen, 1816 abgebrochen.

Das Aussehen der Hofkirche ist gut dokumentiert: es gibt neben Außenansichten von verschiedenen Seiten eine Darstellung des Innenraumes[46], die erst kurz vor dem Abbruch entstanden ist. Diese zeigt einen einschiffigen kurzen Innenraum, der durch eine große Öffnung an der Schmalseite den Blick freigibt auf den angehängten eingezogenen Altarraum mit polygonalem Abschluß und einem im Zentrum aufgestellten Altar. Die beiden sehr ungleichen Räume sind durch Rippengewölbe eingewölbt: der Altarraum im 5/8 Schluß und das Schiff mit einem regelmäßigen Kreuzgewölbe. Ungewöhnlich ist allerdings das letzte Joch des Schiffes. Es hat einen zusätzlichen Stichbogen in Längsrichtung erhalten, der auf die Wandöffnung bezogen ist und beidseitig von einem kleineren stichbogenähnlichen Gewölbe begleitet wird. Es ist nicht auszuschließen, daß diese Abweichung vom üblichen Schema auf die Tatsache zurückzuführen ist, daß der Sakralraum zunächst keinen eigenen Chor hatte. Konsol- und Schlußsteine der Gewölbe im üblichen Sinne runden das Bild ab.

Zur Nordseite sind drei große Maßwerkfenster mit einer Darstellung in der Bleiverglasung zu erkennen. Auf der Südseite gibt es nur spitzbogig geschlossene Oberlichter etwa analog den oberen Teilen der gegenüberliegenden Fenster. Unter dem östlichsten dieser Fenster hängt auf der geschlossenen Wand ein großes Kruzifix, im Altarraum sind Standfiguren am Gewände und an den Wänden zu erkennen. Vor den beiden seitlichen Gruppen der Kniebänke stehen an der Ostwand die Seitenaltäre. »Die ganze architektonische Durchbildung, die Ausgestaltung mit Statuen und Reliefs, mit dem Hauptaltar, wohl auch mit Wand- und Glasmalereien und etwa auch festlichen Wandbehängen hatte hohes, höfisches Niveau. Es war vermutlich von der neuen südwestdeutschen Gotik her bestimmt und wetteiferte mit der Kapelle der älteren bayerischen Herzogsburg Trausnitz ob Landshut«[47].

Von der künstlerischen Ausstattung der ehemaligen Hofkirche St. Lorenz, haben sich einige Steinskulpturen erhalten, die heute im Bayerischen Nationalmuseum aufbewahrt werden und die von Lieb in die Zeit von 1325/30 eingeordnet werden[48]. Es handelt sich um zwei Reliefs, drei Standfiguren und zwei Wappenschlußsteine der ehemaligen Bauskulptur.[49]

31

Das größere der beiden Reliefs ist die Stiftertafel, ehemals unter einem der wegen der für den Bau mitverwendeten Stadmauer stark verkürzten Fenster an der südlichen Langhauswand angebracht. Es zeigt zwischen dem knieenden Stifter, Kaiser Ludwig dem Bayern, und seiner zweiten Frau, Margarete von Holland, die thronende Muttergottes mit dem Kind. Dieses legt die rechte Hand auf das Dach des Kirchenchores, ein Gestus, der angeregt hat, nur diesen Bauteil als Werk des Kaisers anzusehen und nicht die gesamte Kirche. Das Modell der Kirche, das die Kaiserin mit beiden Händen haltend dem Kind darbietet, ist abgestützt auf einen Wappenschild, der heute leer ist. Ihr gegenüber kniet der Kaiser mit betend erhobenen Händen. Beide Stifterfiguren sind eingehüllt in lange, gefaltete, aber wenig differenzierte Gewänder. Auffallend ist der Gegensatz zu ihren ausgeprägten Köpfen mit dtailliert dargestellten Kronen und Haaren sowie ihren sehr individuell gestalteten Köpfen, mit besonders beim Kaiser stark ausgeprägter Nase und vollen Lippen, was nach Meinung von Achim Hubel »... möglicherweise ein erstes Bemühen nach portraitgetreuer Charakterisierung widerspiegelt.«[50]

Das zweite Relief, ursprünglich über dem südlichen Eingang zur Kirche angebracht und damit ein bewußter Hinweis auf den Kaiser als Bauherrn, zeigt drei durch ihre Flügel als Engel ausgewiesene Figuren als Wappenhalter des pfalz-bayerischen Wappens. Zwei Figuren, knieend auf polygonal ausgebildeten Kapitellen, sind jeweils seitlich angeordnet, allerdings so beengt, daß ihre Flügel – besonders bei der rechten Figur – hart an die rahmende Einfassung gedrückt werden. Der dritte Engel liegt unter der Wappenspitze, beide Arme sind leicht angewinkelt und durch die Flügel abgedeckt, die Hände greifen abstützend aus dem Bild heraus auf den Rahmen.

Daneben haben sich wohl aus dem größeren Zusammenhang eines im übrigen verlorenen Figurenprogramms noch drei Standfiguren erhalten aus einer Gruppe von ehemals wohl fünf Figuren, die an den Pfeilern des Chores aufgestellt waren. Diese Figuren sind der nach Lieb »künstlerisch wertvollste Komplex« der plastischen Werke der Kirche. »Dazu gehören zwei Könige sowie ein älterer bärtiger Heiliger (mit abgebrochnem Attribut), der vielleicht als hl. Joseph zu identifizieren ist. Verlorengegangen wären demnach der dritte König und die Figur der Muttergottes mit Kind.«[51] Das gestreckte Erscheinungsbild der Figuren ist noch stark an dem aufstrebenden Charakter von Kirchenpfeilern orientiert, ihrem ursprünglichen Aufstellungsort. Die grobe Fältelung der Gewänder unterstreicht diesen Eindruck. Lieb vermutet, daß »der Stil der Drei Könige dagegen (...) von der späten Straßburger Münsterhütte (...) über das Münster von Freiburg herzuleiten« ist. Auch Achim Hubel nennt den Oberrhein und die Zentren um Straßburg und Freiburg als typologische Heimat und verweist auf Theodor Müller und die Apostelfiguren im Langhaus des Freiburger Münsters.[52] Anna Rühl stellt fest: »Neben der ungleich qualitätvolleren Madonna (Fußnote: Madonna aus dem St. Angerkloster, heute im Bayerischen Nationalmuseum, die einen oberrheinisch geprägten Stiltypus vertritt.) müssen die Figuren der Lorenzkirche, vor allem die Reliefs, wie bäuerliche Statisten wirken.«[53] Diese Kunstwerke dürften bereits in München entstanden sein. Lieb vermutet allerdings, daß sie von auswärtigen Kräften geschaffen worden sind. Rühl meint: »Nach Gewandstil und Körperbildung sind alle Figuren deutlich als Erzeugnisse der ersten Jahrhunderthälfte erkennbar.«[54]

Aus dem Bereich der Bauskulptur sind auch zwei Wappen-Schlußsteine in das Museum gekommen, die nach Lieb dem Beatrixdenkmal[55] entsprechen. Diese Schlußsteine von der Wölbung der Kirche tragen das Reichswappen mit dem Adler mit gespreizten Schwingen und das Wappen der Grafen von Holland, der Familie der Kaiserin.

Zusammenfassend hält Lieb die Hofkirche für ein sehr bedeutendes Kunstwerk wenn er formuliert:

> »Mit königlicher Absicht überschritt die Hofkapelle die lokale und stammliche Tradition – höchstens das die ältere Kapelle der niederbayerischen Herzogsburg der Trausnitz ob Landshut zum Wetteifer antrieb. Entschlossen aber, auch in der außenbaulichen Gestaltung griff die Münchner Hofkirche zum hochgotischen System mit Hausteingliederung und figuraler Steinskulptur. Maßgeblich war wohl – der Politik Ludwigs des Bayern entsprechend – der Anschluß an die neuster Bau- und Bildkunst Südwestdeutschlands. Unterschieden von den Ordenskirchen, bestand die Hofkirche in einer näheren Einheit von Gemeinderaum und Altarhaus. Im Gemeinderaum hatte das Hofgesinde Platz. Für den König und Kaiser, für seine Familie und für die höheren Ränge des Hofstaates war im Westen eine Empore angelegt, die vom angrenzenden Trakt des Alten Hofs aus erreicht werden konnte und den erhabenen, offenen Blick ins Altarhaus gewährte. Für die Schau von der Kaiserempore aus war über dem Ansatz des Altarhauses das Gewölbe baldachinhaft herab gezogen.«[56]

Neben der Hofkirche wird eine »Margaretenkapelle« 1319 erstmals genannt. Am 2. September 1359 fand hier die Lossprechung des Markgrafen Ludwig V., des Brandenburgers, und seiner Gemahlin vom Kirchenbann statt. Dabei wurde auch ihre Trauung wiederholt und die ihres Sohnes Mainhard mit Margarete von Österreich. Weitere Erwähnungen erfolgen durch das ganze 15. Jahrhundert hindurch.[57]

5.4 Der Alte Hof als Nebenresidenz

Nach Edmund von Öfele residierte 1359/64 als Nachfolger Ludwig des Bayern dessen Sohn, Ludwig V.[58] seit 1351 als Herzog von Oberbayern im Alten Hof. Aber nehmen ihm wohnten auch dort noch sein Sohn, der spätere Herzog Mainhard (1361/63), dessen Onkel, Stephan II. (1363/75) mit der Hafte sowie zwei verwitwete Töchter Ludwig IV. des Bayern, nämlich die Gräfin Margarethe von Hohenlohe und die Fürstin Elisabeth von Verona. Aus den Aufzeichnungen des herzoglichen Kastners ist zu entnehmen, daß dazu vier steinerne Häuser zur Verfügung standen. Ausdrücklich wird erwähnt, daß eines davon die Fürstin von Verona bewohnt. Der Alte Hof ist also nicht nur die Residenz des herrschenden Fürsten, sondern auch weiterer Familienangehöriger. Aus dieser Sicht werden die nahezu gleichartigen Bauteile der vier Häuser verständlicher.

Der Münchner Bürgeraufstand von 1385 wird in der Literatur gerne als der innenpolitische Anlaß für den Neubau einer Residenz außerhalb der engen Stadt gesehen. Als Otto Meitinger im Rahmen des Wiederaufbaus der Residenz eine Baugeschichte der Neuveste entwickelte[59], zeigte sich erstmals deutlich, daß mit Herzog Johann II. (1375–1397) eine erste Bauphase für die Neuveste begann, zu der schon ein Palas gehörte, also das Wohnhaus einer Burg. Ab diesem Zeitpunkt folgte ein nahezu kontinuierlicher Ausbau durch die folgenden Regenten. Da die Motive für den Neubau einer Burg bisher nicht absolut schlüssig nachgewiesen werden konnten, wurde in der Forschung stets über das durch Jahrhunderte gleichzeitige Vorhandensein zweier räumlich getrennter herrschaftlicher Sitze spekuliert, wobei sich die Vorstellung einer sukzessiven Ablösung des Alten Hofs durch die Neuveste oder Residenz festigte, etwa gegenüber der Überlegung unterschiedlicher Funktionen der beiden Anlagen. Problematisch ist dabei die auf der Annahme beruhende Vorraussetzung, daß beide Anlagen stets in der Hand eines Besitzers waren, vor allem da mit dem Ausbau der Neuveste die Investitionen in Erweiterungen und Umbauten des Alten Hofes nicht aufhörten.

Angesichts der letztendlich nicht vollends geklärten Umstände der Ablösung des Alten Hofes durch die Residenz kommt einer historischen Darstellung besondere Bedeutung zu: ein Kupferstich des als Matthäus Zasinger identifizierten Monogrammisten M Z[60] zeigt Herzog Albrecht IV. und seine Gemahlin Kunigunde beim Kartenspiel, umgeben von höfischen Paaren, Musikanten und Zuschauern. Schon Otto Meitinger vermutete, daß hier ein Innenraum des Alten Hofes dargestellt ist[61]. Der Betrachter blickt demnach in einen Raum des 2.OG oder 3.OG des Burgstockes, der Herzog und seine Gemahlin sitzen in der Estrade des Affenturms. Dieses

Abb. 12 Herzog Albrecht IV. und seine Gemahlin im Erkerzimmer. Kupferstich von Matthäus Zasinger, 1500.

Abb. 13 (links) Ansicht des Innenraums des Erkerturms im 2. OG.

Abb. 14 (rechts) Zugang zum Erkerturm im Dachgeschoß. Die Fenster und die Türen sind mit »Eselsrücken« verblendet.

Dokument gibt nicht nur der Bauforschung Anlaß zur Identifikation dieses Raumes, sondern belegt, daß sich ein repräsentativer, wenngleich auch privater Raum, in dem sich Herzog Albrecht IV. um 1500 aufhielt, wie die Datierung angibt, im Burgstock des Alten Hofes befunden hat. Verbleibende Widersprüchlichkeiten der Darstellung wie die absolute Raumhöhe, die Balkone und die Ausblicke aus den Fenstern kann nur die Bauforschung am Objekt klären.[62]

Als Bewohner in der Burg werden gegen Ende des 14. Jahrhunderts Herzog Johann II. genannt, wohl mit seinen Söhnen Ernst und Wilhelm. Für letzteren ist sogar die Zeit von 1397 und 1403 belegt, wenn auch nicht kontinuierlich. Nach dem Schiedsspruch von 1403 blieb Herzog Ernst in der Burg wohnen, während sein Bruder Wilhelm in die Neuveste zog. In dem schon genannten Schiedsspruch wurden den Herzogen Sigmund und Christoph »die neuen Zimmer und Gebäude im dem alten Schlosse« zur künftigen Wohnung überwiesen. Ein Kompromiß-Spruch von 1466 bestimmte, daß das Kastenhaus den Herzögen Albrecht und Wolfgang zugesprochen werde, in dem vor ihnen bereits andere Herzöge gewohnt hatten, wie Herzog Albrecht III., Herzog Johann II. und Herzog Sigmund. Es dürfte das Kastenhaus gemeint gewesen sein, daß sich die Herzöge samt Stallung, Mühle und Pfisterei teilen und dazu im Alten Hof eine eigene Küche und Keller behalten sollten.

Ein neuer Vertrag zwischen den fürstlichen Brüdern Sigmund und Albrecht vom 19 März 1470 besagt hinsichtlich der »alten vest« wörtlich:

> »Zum ersten So hat mein gnadiger Herr Herzog Sigmund meinem gnadigen Herrn Hertzog Albrechten das Slosz mit namen die alte vest zu Munchen mit aller zugehörung nichts auszgenomen noch Hindan gesetzet, und das new Haws auf der Mawr daran gelegen und den valkner Turn gar hinumb an die newen Vesst sein lebtag lanngt gegeben vnd daran den brief So Im Herzog Cristoff gegeben hat Antreffenndt das benannt Slosz.«[63]

Der hier genannte Herzog Christoph (1449/93) ist ein wegen seines Mutes sagenumwobener bayrischer Ritter. Seine älteren Brüder versuchten ihn erfolgreich von der Mitregierung fernzuhalten. Albrecht verhinderte auch ein legales Nachrücken, er glaubte an die Notwendigkeit der Primogenitur und wurde darin von den Landständen unterstützt. Da Albrecht vermutete, Christoph wollte ihn überfallen, wurde er im Turm der Neuveste festgesetzt, dessen heute noch vorhandener bescheidener Baurest im Untergeschoß des Festsaalbaus als Christophturm bezeichnet wird. 1492 huldigten die Landstände Christoph. Auf dem Landtag 1493 schlossen die Brüder Frieden. Christoph setzte daraufhin Albrecht bzw. dessen Erben als Haupterben ein. Auf Christoph hat eine Inschrift in der südlichen Durchfahrt der Burg hingewiesen.

Abb. 15 (rechts) Ansicht des wiederhergestellten Torturmes 1966. Links im Bild die Renaissancefassade des Weinstadls, datiert 1552.

»Am Eingang zum Alten Hofe von der Burgstrasse aus befand sich seit Jahrhunderten (Fußnote: Wie wir gleich hören werden, war die betr. Inschrift
1557 erneuert worden.) jenes »memorabile magni roboris monumentum«
Herzogs Christoph »rhythmis Germanicis ad marginem adscriptis« welches,
unseres Wissens, von Adrianus Romanus zum Erstenmale erwähnt wird
(Fußnote: In seinem »Parvum Theatrum Urbium etc., Frankfurt 1595 p. 170
f.).«[64]

Philipp Hainhofer hat die drei Nägel und den Stein davor noch gesehen,
als er im Mai 1611 in München war. Er berichtet:

»die drey nägel ien der Wand und den Stain darvor, so die Warzeichen der
Statt sein vnd folgende Verss dabey geschrieben stehn. An. 1557 etc.«[65]

Später befanden sich der Stein und die Nägel sowie die dazu gehörige Ge-
denktafel bekanntlich in der Residenz im Mittelbau zwischen Kapellen-,
Brunnen- und Küchen-Hof, wohin sie durch den Kurfürsten Maximilian I.
versetzt worden sein sollen. Die zeitweilig widersprüchlichen Angaben der
Reiseführer des 18. Jahrhunderts zum aktuellen Aufenthaltsort der Gegen-
stände lassen Zweifel an der Authentizität dieser Stücke zu.
Es war erst Wilhelm IV. (1493/1550, regierte ab 1508), der die Neuveste als
ständigen Wohnsitz wählte. Damit fand die Bedeutung des Alten Hofes als
Sitz der Wittelsbacher aber kein abruptes Ende, denn sie blieb schließlich
in ihrem Besitz und war durch ihre bisherige Funktion nach wie vor als
Wohnburg für Familienmitglieder oder Gäste der Wittelsbacher genutzt.
Ein Beleg dafür ist die im folgenden noch erwähnte Verbindung des Alten
Hofes zur Neuveste durch einen gedeckten Gang über dem Straßenniveau,
der auch bei Baumaßnahmen gegen Ende des 16. Jahrhunderts in seiner
Funktion gesichert wurde, oder auch das aufwendige Hängewerk im
Dachstuhl des mittleren Zwingerstocks, das auf 1562[66] datiert wird.
Trotzdem werden in den Urkunden aber immer wieder ständige Bewohner
oder erlauchte Gäste als vorrübergehende Bewohner im Alten Hof ge-
nannt: für 1508 ist eine Wohnung für Herzog Wolfgang im Alten Hof erwähnt, und zum Leichenbegängnis im gleichen Jahr weilte in München
Herzog Ulrich von Württemberg, der im Alten Hof einquartiert wurde.
Haeutle stellte fest, daß nach dem Tode Herzog Wolfgangs 1514 kein Fa-
milienmitglied der Wittelsbacher mehr ständig im Alten Hof gewohnt
hat.[67] Anläßlich der Heirat des späteren Herzogs Wilhelm V. mit Renata
von Lothringen 1568 residierten die Erzherzöge Ferdinand und Karl von
Österreich im Alten Hof. Anschließend war er Interimsresidenz der Herzo-
gin von Lothringen, der Mutter Renatas.

Abb. 16 Wandmalerei im Alten Hof. Nach Freilegung von Malereien, datiert 1444, in den Fensterlaibungen und -schrägen des Erdgeschosses, wurde die Fassade des sog. »Risalit« nach dem Muster der aufgefundenen imitierten Bossen gestaltet.

6 Von der Frühform der Burg bis zu Sandtners Modell

6.1 Frühmittelalterliche Baugeschichte

In der älteren Literatur wird für die Anlage der frühen Bauteile der Burg allgemein das Jahr der bayerischen Landesteilung 1255 angenommen. Kurz zuvor, 1253, wird ein Sitz als (Teil)-Residenz für Oberbayern erwähnt, der bis 1255 den Charakter einer Pfalz gehabt haben wird und nachweislich seit mindestens der Mitte des 12. Jahrhundert bestand.

Durch die in jüngster Zeit erfolgten Grabungen von Tilman Mittelstraß[68], die Bauforschung von Frank Becker[69] und ihre Interpretation durch Christian Behrer[70] sind aber auch Bauformen bekannt geworden, die belegen, daß diese städtebaulich herausragende Position im historischen Stadtgefüge Münchens schon früher besiedelt war. So konnte als frühe Bebauung ein Grubenhaus nachgewiesen werden, das diagonal zum heute orthogonal ausgerichteten Hof liegt. Dieses Haus wurde wahrscheinlich bereits im Laufe des 12. Jahrhunderts wieder abgebrochen und die Grube verfüllt. Ferner konnte im Bereich der Durchfahrt des heutigen Hofturmes ein Brunnen nachgewiesen werden.

Im Verlauf der heutigen südlichen Außenmauer des Burgstocks wurde auch ein Stück Stadtmauer ergraben. Die starke Wehrmauer wurde mit dem Beginn der Backsteinverwendung in Altbayern errichtet. Sie verlief entlang der südlichen und westlichen Außenwände des späteren Burg- und Zwingerstockes und befestigte zusammen mit der östlichen und nördlichen Stadtmauer das Geviert des bis heute überlieferten Hofes.[71] Diese alte Mauer ist als Schalenmauer konstruiert und bei Mittelstraß folgendermaßen beschrieben: äußere Backsteinmauern sind im Zwischenbereich verfüllt mit lagenweise schräg aufgebauten Flußkieseln, die untereinander und mit der Backsteinschale mit Mörtel zu einer homogenen Masse vergossen sind. Behrer datiert sie in die Zeit zwischen dem späten 12. und frühen 13. Jahrhunderts. Sehr bemerkenswert ist, daß diese ältere Mauer keinen Hinweis darauf zuläßt, daß an der Stelle des heutigen Torturms eine Unterbrechung, also ein Eingang gewesen ist. Gegen einen Eingang an dieser Stelle spricht nicht zuletzt auch die Lage des vorher genannten Brunnes. Der Zugang in dieser frühe Anlage muß also zwangsläufig an anderer Stelle gewesen sein. Behrer vermutet sogar, daß es möglicherweise zu dieser Zeit dann auch konsequenterweise noch keine Burgstraße gab, da

Abb. 17 (rechts oben) Bei den Renovierungsarbeiten 1966 freigelegte Wandmalereien an der Hofseite des Burgstocks: lins im Bild die Bemalung mit imitierten Bossen, rechts daneben die Bemalung mit liegenden Rauten. In der Festerschräge des Segmentbogenfensters Malerei, wie sie am sog. Risalit des mittleren Zwingerstocks wiederhergestellt worden ist. Unten im Bild ist noch der »Eselsrücken« aus Blech zu erkennen, der über dem Eingang zum Burgstock angebracht war.

Abb. 18 (unten links) Wandmalerei im Alten Hof. Ein spitzbogiges Fenster in der Schildmauer des südlichen Zwingerstocks im Dachgeschoß mit Resten der Bemalung: imitierte Bossen auf der Wandfläche, eine Umrahmung der Fensteröffnung und unten rechts die Reste eines Wappens. Zustand 1966.

Abb. 19 (unten rechts)
Eine Senkscharte aus Kol-
lenberg. Diese Art von
Scharten fanden sich an vielen Münchner Türmen, wie
man aus alten Abbildungen
ersieht. Im später vermauerten Zustand dienten sie
nicht selten als Wappenfelder, so auch am Torturm im
Alten Hof. Im Sandtner-
Modell sind sie noch unver-
schlossen in ihrer Funktion
als Scharte zu erkennen.

ihre Anlage so knapp vor der Mauer keinen Sinn gemacht hätte. Diese Vorstellung bestätigt auch der durch die Grabung festgestellte Verlauf eines ca. 11,5 m breiten und ca 2,8 m tiefen Grabens, der sich anscheinend entlang der Südmauer der Burg nach Westen fortsetzte.

Die noch im 19. Jahrhundert bemerkenswert geradlinig verlaufende westliche Baulinie des Zwingerhofes, die heutige rückwärtige Gebäudekante der Bebauung an der Dienerstraße, die auch noch für die Vorgängerbebauung nachweisbar ist, kann vielleicht als ein Hinweis auf die der eigentlichen Burgmauer vorgelagerte Mauer eines Zwingers gewertet werden.[72]

Erst später wurde unter Verfüllung des genannten Brunnens, angelehnt an die bereits bestehende Mauer, ein schmaler Torturm[73] errichtet, ein Vorgänger des heute noch bestehenden bzw. in den oberen Partien wieder aufgebauten Turmes. Durch zwei winkelförmige Pfeiler konnte seine Lage bei den jüngsten Grabungen nachgewiesen werden. Ihm folgte, wiederum zeitlich versetzt, die Errichtung des östlichen Burgstockflügels. Von ihm haben sich Spuren in dem gewölbten Keller östlich des heutigen Torturms erhalten.

Wenn aber eine Befestigung existiert hat, und das kann jetzt nicht mehr in Frage gestellt werden, muß auch ein gesicherter Eingang in die Hofanlage vorhanden gewesen sein, aber wegen der nicht unterbrochenen Befestigungsmauer an anderer als der heutigen Stelle. Dieser Zugang zum Hof im späten 12. und frühen 13. Jahrhundert kann auf Grund der genannten Vorgaben dann nur an der Westseite gelegen haben, da die Nord- und Ostseite als Außenseiten der Stadtumwallung aus fortifikatorischen Gründen kaum durchbrochen gewesen sein dürften. Tatsächlich zeigen die älteren Katasterpläne, aber auch noch ein Stadtplan von 1852, daß in der Randbebauung der Dienerstraße eine Baulücke vorhanden gewesen ist, die direkt in den dem Alten Hof westlich vorgelagerten Zwingerhof führte. Dieser Zugang wurde letztlich erst 1912[74] endgültig und vollständig geschlossen. Schon Behrer hat daraufhingewiesen, daß dieser Lage und Richtung direkt ein Bauteil des Zwingerstocks antwortet, nämlich eine quer durch den westlichen Gebäudeflügel laufende, tonnengewölbte Halle.

Ausgehend von dieser grundsätzlichen Überlegung ergeben sich bei genauerer Betrachtung dieses letztgenannten Gebäudeteils vom Alten Hof, besonders im Hinblick auf ausgewählte Baudetails sowohl der Fassaden als auch der Innenwände Erkenntnisse, die Georg Stockmann[75] zu der Überlegung führten, daß im Zwingerstock ein älterer Vorläuferbau stecken kann. An ganz unterschiedlichen, teilweise auch schwer zugänglichen Stellen befinden sich Architekturglieder wie zugesetzte Fenster- und Türöffnungen, Leuchternischen, Gewölberippen, Schlußsteine und ähnliches, die nur schwerlich in das heutige Erscheinungsbild der Bausubstanz sinn-

Abb. 20 Innenraumansicht der »Torhalle« im Kellergeschoß des südlichen Zwingerstocks, nach Westen (oben) und nach Osten (unten). Der Zugang zum Keller unter dem »Rittersaal« (im Bild oben) ist erst Anfang des 20. Jahrhunderts in die Wand gebrochen worden, die beiden Festeröffnungen zum Zwingerhof im 19. Jahrhundert. Im Gewölbescheitel (Bild unten) befindet sich eine mit Naursteinquadern gefasste Öffnung zum darüberliegenden Geschoß, die Holzkonstruktion an der Wand zum Burghof verlieh dem Raum die Bezeichnung »Galgenkeller«. Die Photos zeigen den Zustand nach dem Umbau der 1960er Jahre, mit dem bereits um 25 cm erhöhten Bodenniveau.

voll eingeordnet werden können. Wenn man die Beobachtungen fortsetzt und ergänzt an den modernen Bestandsplänen und den Werkplänen von der letzten großen Umbauphase aus den 50er und 60er Jahren des 20. Jahrhunderts und weiter noch die baubegleitenden Fotos aus dieser Phase interpretiert, muß man in Zweifel ziehen, daß die heutige auch die ursprüngliche Gestalt dieses Bauteils gewesen ist. Die Auseinandersetzung mit diesen vermischten Fundstücken und der Versuch ihrer theoretischen Zusammenführung führte zu überraschenden Ergebnissen und ganz neuen Vorstellungen von einer Vorform der heutigen Bebauung des Alten Hofes. Ausgangspunkt und wichtigste Grundlage für Stockmanns Theorien waren die Photographien aus der genannten Umbauphase, die während der Baumaßnahmen laufend von einem Bauleiter und einem Photographen des Landesamts für Denkmalpflege angefertigt wurden.

Diese Photographien bestätigen zunächst einen Verdacht, den schon die Archäologen formuliert hatten: nicht nur im Bereich des Torturmes, sondern auch in der gesamten südlichen und westlichen Außenmauer der baulichen Anlage steckt eine zweischalig ausgeführte Mauer, wie sie in ihrer Konstruktion der frühesten Münchner Stadtmauer vergleichbar ist. Diese Mauer reicht heute noch etwa 5 bis 7 Meter über Oberkante des Geländes. Sie war wahrscheinlich verputzt[76]. Es ist auch nicht auszuschließen, daß sie ursprünglich vielleicht einen hölzernen Wehrgang trug, wie das in einem anderen Fall am östlichen und südlichen Bereich des Hofes im Sandtner-Modell noch erkennbar ist.

Unbekannter ist jedoch die These, daß der Zwingerstock bis ins 15. Jahrhundert, vielleicht sogar bis zum das Jahr 1562[77] eine ganz andere Baukörperfiguration besaß, als sie durch das Sandtner-Modell vermittelt wird. Dabei wird man sich dann auch von der Vorstellung, die noch im 19. Jahrhundert wiederholt formuliert wurde, distanzieren müssen, der Zwingerstock sei sukzessive durch den Anbau einzelner Gebäude-Abschnitte an den Burgstock entstanden. Reste von Fassadenmalerei[78] und wieder verschlossene Fensteröffnungen[79] lassen folgenden Schluß zu: An der Westseite des Hofes stand, vielleicht schon seit der Mitte des 12. Jahrhunderts, eine gewaltige »Torhalle«[80] als erster, ältester und wohl einziger Zugang zum Innenhof der Burganlage. Über dieser »Torhalle« hätte es dann noch zwei weitere Stockwerke gegeben, wie das auch aus dem Sandtnermodell ersichtlich ist. Ein kleines spitzbogiges Fenster[81] auf der ehemaligen nördlichen Giebelwand im heutigen Dachgeschoß gibt diese Mauer als ehemalige Außenwand zu erkennen. Nördlich hätte sich ein Bauteil angeschlossen, der dem heutigen »Rittersaal« entspricht, mit dem darunter befindlichen Keller[82], allerdings nur etwa halb so breit, also ohne die östliche Gebäudehälfte des mittleren Zwingerstocks, wie sie heute in Erscheinung tritt.

44

Abb. 21 (oben) Keller im östlichen Burgstock, die sog. »Versteigerungshalle«. Die um 1300 errichtete Halle präsentiert sich mit der Einwölbung des späten 14. Jahrhunderts. Lediglich der letzte Pfeiler der Reihe, der nicht wie die andern oktogonal sondern rund ist, stammt auch aus der ersten Bauzeit um 1300. Photographie 1999.

Abb. 22 (unten links) Südliche Giebelwand des nördlichen Zwingerstocks (»Risalit«): Nach der Demontage einer technischen Anlage wurde eine Fensteröffnung in einer mit Quadermalerei geschmückten, ehemaligen Außenwand sichtbar. Photographie 1999.

Abb. 23 (unten rechts) Dachwerk über dem mittleren Zwingerstock: vorn im Bild eine Zugstange des eisernen Hängewerks, im Hintergrund die Giebelwand des nördlichen Zwingerstocks. Photographie 1999.

Die zeitlich unterschiedlichen Bauteile sind heute noch an der unterschiedlichen Einwölbungstechnik im Kellergeschoß zu unterscheiden. Der wiederum daran anschließende »Risalit« ist wohl erst 1425[83] errichtet worden. Auf alle Fälle konnte noch um 1444[84] eine Fensterlaibung und der Giebel auf der heute nicht mehr als Außenseite funktionierenden Südseite des »Risalits« mit Malerei geschmückt werden. Dieser »Risalit« bildete gewissermaßen das bauliche Pendant zur »Torhalle« und dazwischen war der niedrigere »Rittersaal« eingespannt. Da er etwa über die gleiche Grundfläche und das gleiche Seitenverhältnis von 2:1 aller drei genannten Baukörper verfügt, steht der »Rittersaal« quer zur »Torhalle« und zum »Risalit«. Vielleicht hatte sogar auch der Verbindungsbau zwischen »Torhalle« und Burgstock zunächst nur die halbe Gebäudetiefe.

Damit muß dann auch in Frage gestellt werden, ob der Burgstock noch als »Keimzelle« des Alten Hofes, bzw. als Bau Ludwig des Strengen angesehen werden kann. Vielmehr hat es jetzt den Anschein, daß der Zwingerstock den älteren baulichen Kern enthält, denn einerseits können »Torhalle« und benachbarter »Rittersaal« als Teile eines Ursprungsbaus angesehen werden, andererseits weist die geringe Eintiefung des Kellergeschosses vom Burgstocks auf eine Errichtung erst nach der Aufplanierung des Burghofes im 14. Jahrhundert hin. Diese Maßnahme ist durch die Grabung gesichert. Der Zwingerstock ist sicherlich nicht als Wirtschaftstrakt errichtet worden, was vielfältigste Details bestätigen. Betrachtet man daneben den Burgstock mit seinen größerern Geschoßhöhen, die den Zwingerstock entsprechend gedrungener erscheinen lassen, und vergleicht damit den schon etwas überlängt wirkenden, ungewöhnlich schlanken spätgotischen Erkerturm, so mag sein geringeres Alter plausibel werden.

Die von Gustav Schneider dokumentierte Aufdeckung eines Fundamentmauerrests im März 1944[85] könnte im Burghof einen Bergfried mit bisher ungeklärtem Grundriß vermuten lassen. Die Hauptaufgabe dieser frühen Hofanlage darf in der Versorgung des Herzogs und seines Stabes bei zeitlich begrenzten Aufenthalten gesehen werden: aufgefundene Reste eines Buntmetall verarbeitenden Betriebes in einer Verfüllung aus dem 12. Jahrhundert weisen auf eine Schmiede hin, der um 1300 errichtete Keller des östlichen Burgstocks diente umfangreicher Lagerhaltung.

Schon mit der Anlage der Hofkirche St. Lorenz Mitte des 13. Jahrhunderts muß die Vierflügelanlage bereits soweit ausgebaut gewesen sein, daß man die Kirche außerhalb des ursprünglichen Gevierts aus Stadtmauer und stadtseitiger Wehrmauer plazieren konnte. Auf Grund der Darstellung im Ade-Plan[86] wurde dabei als südliche Außenwand die ehemalige Wehrmauer des ersten Mauerrings als Kirchenschiffwand eingebunden. Dafür sprechen der Mauerverlauf, die Mauerstärke und die Tatsache, daß hier

Abb. 24 u. 25 Wappenfelder auf dem Torturm: auf der Stadtseite (oben) und der Burghofseite (Mitte).

Abb. 26 (unten) Die südliche Tordurchfahrt von der Burghofseite. Die an der linken Seite eingesetzten Tuffblöcke sind ein Teil der beim Bau der Steuerkatasterkommission (1830) erforderlich gewordenen Stützkonstruktion für den Torturm. Das Profil der Torlaibung wurde anschießend angleichend glatt verputz, und erst bei der Renovierung in den 1960er Jahren wieder freigelegt.

46

nur kleine Fensteröffnungen nahe den Stichkappen angebracht waren, also über der ehemaligen Mauerkrone der Burgmauer.

Bei dem verheerenden Stadtbrand von 1327 scheint die Anlage trotz auch anders lautender Berichte weitgehend verschont geblieben zu sein, da dieses Ereignis in den Hofkammerrechnungen keinen Niederschlag findet. Erst aus dem Zeitraum von 1359 bis 1364 gibt es Aufzeichnungen des Herzoglichen Kastners Johann von Kammerberg über von ihm verauslagte Gelder für Neubauten und Reparaturen[87]. Hier ist von den »4 Steinhäusern«, dem »neuen Haus« – das aber auch eines der vier Steinhäuser sein kann – und dem Gang außerhalb der Kapelle die Rede, ferner von einem Graben und einer Mauer, aber auch von den Affen, die wiederholt die Fenster in der Stube des Markgrafen zerbrachen. Der Ausbau der Anlage scheint im Grundriß des Burg- und Zwingerstocks im 14. Jahrhundert bereits die Gestalt angenommen zu haben, die sich im wesentlichen bis heute überliefert hat. In der Höhenentwicklung ist eine zweigeschossige Bebauung mit holzschindelgedeckten Satteldächern, wie für den südlichen Zwingerstock an Baufugen bzw. der Darstellung im Sandtner-Modell ablesbar, eventuell aber auch mit zum Hof hin geneigten Pultdächern anzunehmen[88]. Die Wehrmauer hatte vermutlich wie die Stadtmauer eine Höhe zwischen sechs und acht Metern. Dabei darf die Wehrhaftigkeit der Burg gegenüber einer Beschießung nicht überbewertet werden, denn vorrangig war die repräsentative Erscheinung der Anlage, schließlich war die Stadtseite der Wehrmauer auch durch Fensterausschnitte geöffnet.

Um 1400, also etwa mit dem Beginn des Baus der Neuveste 1384, wurde der Graben endgültig – nachdem hier schon zuvor Brandschutt und Ähnliches abgeladen worden war – verfüllt und überbaut. Um 1425[89] wurde über dem nördlichen Zwingerstock ein Dachstuhl errichtet. Kurz nach der Mitte des Jahrhunderts erfolgte in den 60er/70er Jahren der Ausbau der Bausubstanz wohl unter Herzog Sigismund. Ende des 15. Jahrhunderts wurde der Torturm in der Achse der heutigen Burgstraße auf die Breite des Burgstocks vergrößert, der 1813 zur Hälfte abgetragen und in seiner heutigen Form 1966/68 rekonstruiert wurde. Auch der sog. Affenturm dürfte aus dieser Zeit zu stammen. Möglicherweise lassen sich beide Baumaßnahmen mit dem 1463 errichteten Dachwerk[90] in Verbindung bringen. In der ältesten Ansicht von München, ein Holzschnitt von Michael Wohlgemut in Hartmann Schedels Weltchronik von 1493, findet sich auch die erste Abbildung von Teilen des Alten Hofes: der Torturm, wie ihn später Sandtner zeigt, ebenso die Spitzen des Doppelgiebelhauses am Pfisterbach, den Turm von St. Lorenz und eventuell auch den Affenturm.

Die Wappenfelder[91] am Torturm, von denen zwei zur Feldseite und zwei zur Hofseite zeigen, haben die typische Form von abgesenkten und später vermauerten Scharten[92], kaum die von Wappen. Am sog. Affenturm finden sich ebenfalls reichlich heraldische Darstellungen[93] sowie das Rautenmuster, das in vergrößerter Form die erste nachweisbare ganzflächige Bemalung der Burgfassaden gewesen sein mag und sich so in die zweite Hälfte des 15. Jahrhunderts datieren läßt. Die folgende Bemalung mit imitierten Bossen entsprach der Mode der ersten Hälfte des 16. Jahrhunderts und war wohl auch die Neufassung einer bereits verwitterten Bemalung. Die Tatsache, daß ein weiterer polychromer Fassadenschmuck ausbleibt, mag auch den endgültigen Auszug des Hofes im Laufe des 16. Jahrhunderts bestätigen. Lediglich die in den Schrägen und Laibungsbögen der heutigen Erdgeschoßfenster des nördlichen Zwingerstocks 1965 wiederentdeckten Malereien zeigen als Ansatz für eine genaue Datierung über der Darstellung eines bärtigen Mannes mit Kelch die Jahreszahl 1444. Die Fassadenmalereien im Alten Hof waren bis zum Anfang des 20. Jahrhunderts zu erkennen[94] und sind daher schon von der älteren Forschung berücksichtigt worden. Sie werden im allgemeinen mit den Malereien der Schloßkapelle Blutenburg und St. Wolfgang in Pipping im Münchner Nordwesten und so mit Herzog Sigmund (1460 – 1467) in Verbindung gebracht.

Ein monumentaler Freskenfries, von dem Reste bei Umbaumaßnahmen 1850 nur zufällig aufgedeckt wurden, zeigt bayerische Herzöge. Er dürfte in der Zeit zwischen dem Tod Herzog Albrechts III. 1460 und den Verzicht Sigmunds zugunsten seines Bruders Albrecht IV. entstanden sein. Sigmund trat 1470 den Alten Hof an seinen Bruder ab, scheint dort aber seit 1466 nicht mehr gewohnt zu haben.

Der erhaltene Teil des Freskos zeigt vierzehn von ehemals 61 Ahnen und Herrschaftsvorfahren der Wittelsbacher von den legendären Anfängen bis Herzog Sigmund, der von 1460/67 regierte. In der Mitte thront Kaiser Ludwig der Bayer. Vor blauem Hintergrund treten auf einem Pflasterboden die Ganzfiguren zumeist in frontalem Schrittstand auf, sowohl historisierend als auch zeitgenössisch kostümiert, gereiht wie in einem Wandtep-

Abb. 27 (oben)   Der sog. »Rittersaal« im mittleren Burgstock. Die Profile der Kreuzrippen scheinen in späterer Zeit abgeschlagen worden zu sein. Photographie 1999.

Abb. 28 (mitte)   Nische auf Ostwand des »Rittersaals«, die auf ein ehemaliges Fenster hinweist. Photographie 1999.

Abb. 29 (unten)   Gewölbe im zum Burghof gewandten Raum des Kellergeschosses im mittleren Zwingerstock. Die vermutlich aus mehreren Bauphasen stammende Gewölbekonstrukion könnte Teile eines ehemals im Freien stehenden Anbaus an den Rittersaal beinhalten. Photograpie 1999.

pich, begleitet von Wappen und deutschen Versinschriften. Die Figuren sind einzeln dargestellt oder paarweise und in Dreiergruppen einander zugeordnet. Die ganze, in Buchmalereien[95] überlieferte Folge enthielt 61 Figuren, schließend mit den Herzögen Johann und Sigmund. Daher wird diese Wandmalerei aus dem Alten Hof allgemein in die Jahre nach 1460 datiert[96], die Zuschreibung an Gabriel Mäleßkirchner[97] ist aber eher unwahrscheinlich. Vielleicht ist der Künstler mit dem »jungen Gabriel« identisch, der mehrfach in München als Maler nachgewiesen ist und hauptsächlich für das Kloster Tegernsee tätig war. Aus dem »Ahnensaal«, der im 1. OG des südlichen Zwingerstocks zu vermuten ist, ist ein Bildfeld in das Bayerische Nationalmuseum übertragen worden.

Die im sog. Rittersaal des mittleren Zwingerstocks angebrachte Steintafel mit der Jahreszahl 1506 wird kaum das Jahr der Erbauung, sondern vielmehr der Zeitpunkt einer Umgestaltung sein. Möglicherweise bezieht sich diese Datierung auf eine Maßnahme, in deren Rahmen die ursprünglich ausladender profilierten Steinrippen des Gewölbes abgearbeitet wurden. Um 1562[98] erhielt auch der mittlere Zwingerstock ein neues Dach mit einem aufwendigen Hängewerk, das es ermöglichte, den darunterliegenden Raum stützenfrei zu halten. Dies war die letzte Baumaßnahme im Alten Hof, bevor sein Aussehen in der ersten Gesamtansicht im Sandtner-Modell festgehalten wurde.

6.2 Exkurs: der »Ahnensaal« im Zwingerstock

Wie oben bereits ausgeführt, haben die quellenkritische Forschung und die nur für wenige Teilbereiche durchgeführte Bauforschung bisher bereits gezeigt, daß man für die mittelalterlichen Bauteile Burg- und Zwingerstock keineswegs eine geradlinige Baugeschichte feststellen kann, also etwa einen stufenweisen Anbau und Ausbau einzelner Gebäudeflügel. Eine der größten und bedauerlichsten Leerstellen im Wissen um die Geschichte des Alten Hofes ist die Unkenntnis der funktionalen Struktur und Gestalt der hochmittelalterlichen Burg. Anders ausgedrückt: wir können von kaum einem Raum oder Gebäudeteil sagen, welche Rolle er im Leben auf der Burg gespielt hat oder für welche Verwendung er errichtet worden ist, so einschneidend sind die späteren, teilweise mehrfachen baulichen Veränderungen der ursprünglichen Bausubstanz.

Von großer Aussagekraft für die Nutzung eines Raumes ist eine erhaltene Innenausstattung, etwa in der Form einer Verhängung, Vertäfelung oder Bemalung. Letztere ist – von modernen konservatorischen Techniken der Tranlozierung einmal abgesehen – im Gegensatz zur Verhängung oder

Vertäfelung ein für allemal wandfest und also nicht umsetzbar angebracht. Das wird besonders augenfällig bei Nutzungsänderungen des so ausgestalteten Raumes und Verwendung in einem nachrangigen Sinn. Übertünchen und damit der Vergessenheit anheimstellen ist die häufigste der in solchen Fällen praktizierten Lösungen.

Geradezu tragisch ist die Geschichte der im Alten Hof aufgefundenen Wandmalerei der Fürstenbilder der 1460er Jahre. Trotz des damaligen Bemühens um Erforschung und Konservierung wurde es versäumt, den Fundort genau zu bezeichnen: solange die Bilder im Alten Hof zu besichtigen waren, also von 1850 bis 1893, war eine exakte Ortsangabe nicht zwingend erforderlich. Nach ihrer Translozierung in das Bayerische Nationalmuseum erwiesen sich die bisherigen Ortsangaben als unzureichend, sogar widersprüchlich. Hier soll nicht von der Darstellung die Rede sein, sondern nur von der Tatsache, daß sie mit dem Thema der Wittelsbacher Ahnenfolge ein wichtigen Raum der Burg ganz gewiß nobilitiert hat, dessen Bestimmung für die Geschichte des Alten Hofes von großer Bedeutung ist.

Bei einem Mauerdurchbruch am 5. August 1850 wurden die Wandmalereien im Alten Hof aufgefunden. Föringer publizierte[99] bald darauf die Fundbeschreibung und erste Forschungsergebnisse. Er schrieb:

»(...) Vom äußern Corridor aus, in welchen man von der Treppe her zur Kanzlei des (seit dem Jahre 1844 im ersten Stockwerke des südlichen Flügels der Burg befindlichen) k. Oberaufschlagamtes gelangt, sollte ein unmittelbarer Eingang in das Geschäftszimmer des k. Oberaufschlagbeamten Herrn Baron von Stengel hergestellt werden. Montag den 5. August v. J. [1850, d. Verf.] morgens wurde mit dieser Arbeit von der innern oder Zimmerseite her begonnen. Als nun zu dem genannten Behufe die Mauer durchbrochen war, zeigte sich, daß hinter derselben unter Belassung eines leeren Zwischenraumes von c. 1 1/2 Fuß Breite eine zweite äußere, nämlich die Corridor-Mauer, parallel herlief, und daß die durchbrochene Mauer auf ihrer (dem Corridor zugewandten) Außenseite mit Überresten von Wandmalerei und darunter angebrachten Inschriften auf farbigen tapetenförmigen Grunde bedeckt war.(...) Dieses Verhältnis [die Konkordanz der Abbildungen und Reime zu Handschrift Cod. bav. 1602 von 1629, d. Verf.] bestätigte sich aber noch mehr, als infolge allerhöchsten Befehls die äußere Corridorwand völlig abgebrochen (Zur Deckenstütze an Stelle der weggenommenen Wand wurden von der k.Baubehörde in sehr sinniger Weise zwei alte eichene Säulen verwendet, welche noch aus dem ehemaligen Clarissinnen-Kloster auf dem Anger herstammen, und durch wunderschönes Schnitzwerk (Engelköpfchen und Laubwerk) in den Kapitälern sich auszeichnen) und drei links von den zuerst aufgefundenen Wandgemälden nebeneinander herlaufende Schornsteine beseitigt waren, und dieser Versuch zu dem Ergebnisse führte, daß die Bruchstücke von vorausgehenden weiteren vier Wandbildern zum Vorschein kamen, welche genau den Nummern 11 – 14 der Schrenkischen Handschrift [Cod. bav. 1602 von 1629, d. Verf] entsprachen. (...) Während auf diese Weise über die Personen der Abgebildeten keine Ungewissheit mehr obwaltete, lag es andererseits ebenso unzweifelhaft vor Augen, daß der jetzige Corridor des Gebäudes aus der Verengung und Verbauung einer ehemaligen geräumigen, ringsum mit Wandgemälden geschmückten Eintrittshalle, – aus der Zerstörung eines fürstlichen Ahnensaales – hervorgegangen. (...)«

Ein zwischen 1850 und 1852 geführter umfangreicher Akt im Hauptstaatsarchiv[100] belegt Auffindung, Restaurierung und Erforschung der Malereien, nicht aber den Fundort. In dem 1863 erschienenen Münchner Reiseführer »Acht Tage in München«[101] heißt es:

»Kaiser Ludwig der Bayer und sein Bruder Rudolph wurden in dieser Residenz geboren, und ersterer fügte den anstossenden westlichen Bau hinzu, in welchem noch Ueberreste von Malereien des 15. Jahrhunderts sind. In diesem Flügel war ein Saal, an dessen Wänden Herzoge von Bayern und andere Regenten in ganzen Figuren vorgestellt waren, wovon sich aber nur sieben erhalten haben. Dieser Saal wurde wahrscheinlich unter Herzog Sigmund zwischen 1460-1470 ausgeschmückt, und zwar von Gabriel Mächselkircher, wie Föringer im Oberbayerischen Archiv XII. S. 266 ff. nachgewiesen hat.«

Im 1876 erschienenen »Bautechnischen Führer durch München«[102] schrieb der Autor:

»Kaiser Ludwig der Bayer, in jenem Bau Ludwig des Strengen geboren, fügte dann den westlichen Flügel (jetzt Staatskasse) an, welcher in seinem ziemlich schmucklosen Aeusseren wenig verändert ist. Auch das Innere zeigt noch manches von der ursprünglichen Anlage; leider aber ist der, wahrscheinlich nach der Mitte des 15. Jahrhunderts mit Gemälden geschmückte Hauptsaal verbaut worden, so dass man jetzt davon nur mehr ein kleines Stück mit sieben an die Wand gemalten Fürstenbildern sieht, die von einem gewissen Gabriel Mächselkirchner herrühren. Dieser Kaiserflügel wurde von Ludwig dem Brandenburger verlängert.«

An anderer Stelle in derselben Schrift heißt es aber, im »Trakt c«, also dem im beigefügten Lageplan so bezeichneten Burgstock, gebe es »gotische Pfeiler und Gemäldereste im zweiten Stockwerk«.
In seiner in den 1890er Jahren verfassten Geschichte des Alten Hofes bezeichnet Christian Haeutle[103], der intime Kenner der Geschichte des Hauses Wittelsbach, den Ort der Wandmalereien mit »erstes Stockwerk westlicher Flügel«. Im April 1893 wird das Wandbild in das Bayerische Nationalmuseum übertragen, die Provenienz ist im Zugangsregister vermerkt: »Vorhalle des 2. Stockwerks im A.H., Gebäude der königl. Generaldirektion der

Abb. 30 (oben links)
Ausschnitt aus einem Plan von 1895, der das heutige Erdgeschoß der Ecke von Zwinger- und Burgstock zeigt: der »äußere Corridor« (vgl. Föringer) ist mit »K« bezeichnet, das ehemalige Büro Baron von Stengels mit »B«, der ehemalige »Ahnensaal« mit »A«.

Abb. 31 (oben rechts)
Ausschnitt aus einem Plan von 1946/47, der die gleiche Situation wie oben zeigt: das ehemalige Büro Baron von Stengels ist mit »B« bezeichnet, der ehemalige »Ahnensaal« mit »A«.

Abb. 32 (unten)
Ausschnitt aus einem Werkplan der Umbaumaßnahmen 1963: noch in den Raum, in dem eine WC-Anlage eingebaut werden soll, die Auffindesituation der Wandmalereien im Jahr 1850 nachzuvollziehen.

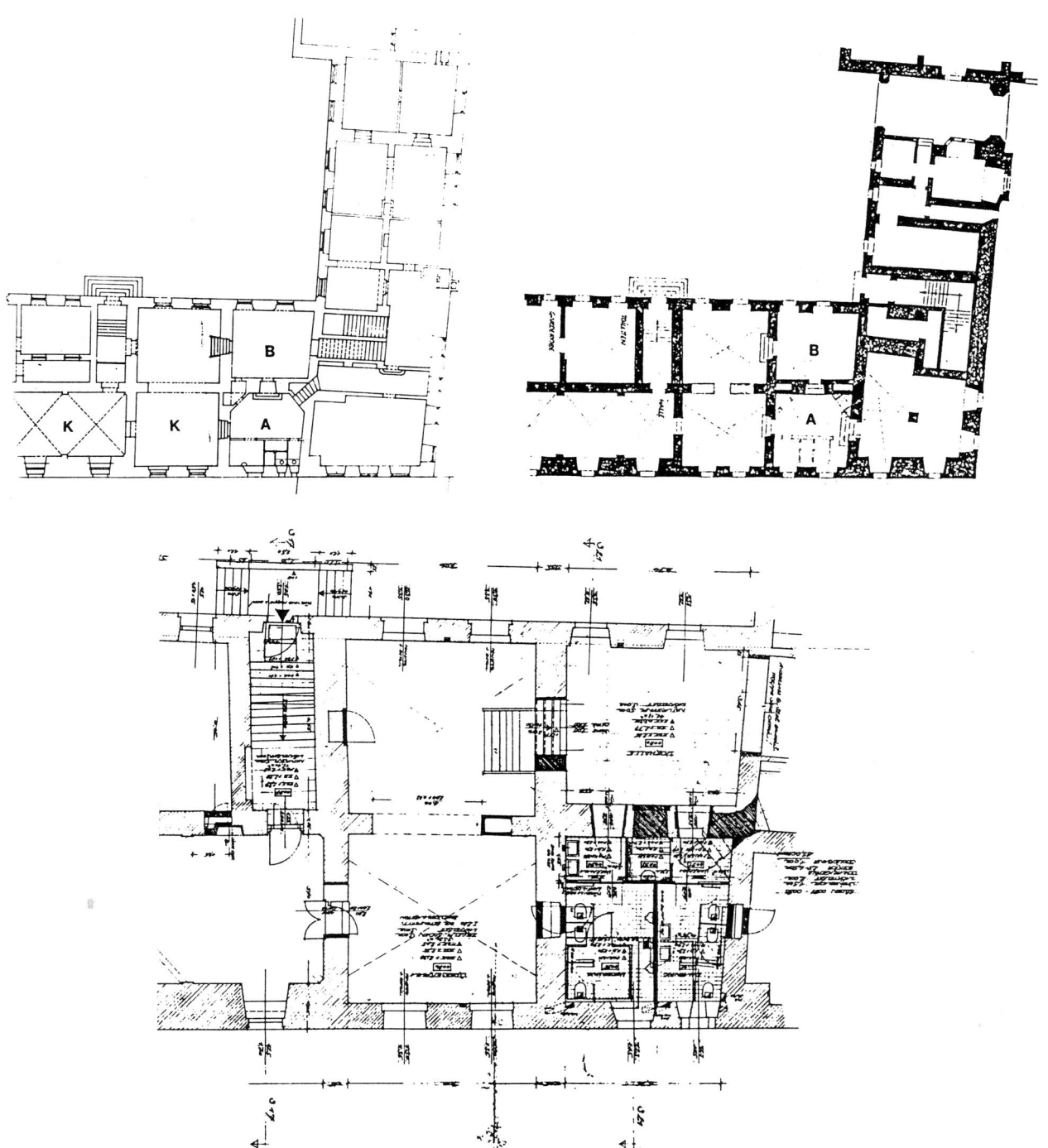

Zölle«. Ein im folgenden Jahr erschienenes Buch über die Herkunft der Münchner Straßennamen[104] berichtet davon:

> »Die in der Alten Veste vorhanden gewesenen Fürstenbilder wurden bei der Adaptierung der Räume für die Rentämter in das k. Nationalmuseum übertragen, desgleichen eine hölzerne Säule, welche in früheren Zeiten aus dem Angerkloster in die Burg versetzt wurde.«

Die ersten erhaltenen Grundrisse aller Etagen als Bestandsplan der Rentamtsräumlichkeiten stammen aus dem Jahr 1895 und zeigen die Situation 45 Jahre nach Entdeckung der Wandbilder und zwei Jahre nach ihrer Entfernung. Bei den Umbaumaßnahmen 1963 wurde die Situation stark verändert.

Der wohl auffälligste Umstand dieser Fundsituation ist, daß mit relativ großem Abstand[105] vor der bemalten Wand eine zweite Mauer aufgeführt worden war. Das wird kaum in konservatorischer Absicht geschehen sein, dafür ist der Abstand zu groß und es stellt sich die Frage, wieso gleiches nicht mit der Fortsetzung des Wandbildes, von dem hier wahrscheinlich nur ein Viertel erhalten ist, geschehen ist. Vielmehr sprechen veränderte statische Bedingungen, etwa ein zusätzliches darüber aufgebautes Geschoß o. ä., für die vorgestellte Wand, denn schließlich mußte sie nach ihrem vollständigen Abbruch durch zwei hölzerne Säulen ersetzt werden. 1893 wurde die Malerei mitsamt dem sie tragenden Putz von der Wand abgenommen und in das Nationalmuseum verbracht, ebenso die hölzernen Säulen. Was lag näher, als die nun fehlende Stützkonstruktion wieder durch eine tragende Wand zu ersetzen, wie sie schon bei der Entdeckung der Bilder dort stand? Schließlich scheinen schon bei der ersten Errichtung der den Bilderzyklus abdeckenden Wand irgendwelche Gründe für eine Mauer und gegen Pfeiler gesprochen zu haben, etwa ein Höhenunterschied im Bodenniveau oder ähnliches.[106]

Bei Föringer wie bei manchem anderen Autor gibt es Unklarheiten bezüglich der Geschoßangabe und des Bauteils, Reber widerspricht sich sogar selbst. Bei Föringers Angabe ist beispielsweise nicht klar, ob nur die »Kanzlei«, oder auch das »Geschäftszimmer« im südlichen Flügel, also dem Burgstock sind, oder ob sich vielleicht sogar ein Fehler eingeschlichen hat, weil das Oberaufschlagamt laut Haeutle nämlich im Westflügel war. Korrekterweise muß man daher Burg- und Zwingerstock in Betracht ziehen, so wie das heute Erdgeschoß genannte Stockwerk und das nächste darüber. Beim Prüfen aller in Frage kommenden Raumsituationen, vor allem unter dem Aspekt, daß die planliche Überlieferung erst zwei Jahre nach der Translozierung der Malereien einsetzt, scheint nur noch ein Raum als ehemaliger »Ahnensaal« in Frage zu kommen: es ist der heutige WC-Raum im

Erdgeschoß der südwestlichen Ecke des Zwingerstocks. Obwohl diese Etage heute als Erdgeschoß bezeichnet wird, können die anderen, früher gebrauchten Bezeichnungen zutreffen, denn es gibt noch ein darunterliegendes Geschoß und das Erdgeschoß ist relativ weit über dem Hofniveau gelegen. An dieser Stelle sei bereits darauf hingewiesen, daß bei den Umbauten der 60er Jahre hier die Decken durch Stahlbetondecken ausgetauscht wurden unter Veränderung des historischen Bodenniveaus. Die ehemalige Wand der Malereien ist vollständig ersetzt worden. Lediglich die Seitenwände könnten u. U. noch heute interessante Informationen, evtl. sogar eine Bestätigung der Überlegungen enthalten.

Dieser als »Ahnensaal« identifizierte Raum war im letzten Jahrhundert tatsächlich ein »äußerer Corridor«, der aus einer »Verengung und Verbauung« hervorgegangen ist. Denn aufgrund mangelnder separierter Verteilerflächen mußte in diesem Bereich des Zwingerstocks die westliche Hälfte des Geschoßes als Korridor genutzt werden, wobei der »Ahnensaal« durch Toiletten-Einbauten sicherlich schon 1850 »verengt« worden war. Das genannte Büro des Barons von Stengel muß der östlich anschließende Raum gewesen sein, der bis dahin einen einzigen Eingang besaß, nämlich den aus seinem nördlich benachbarten Raum, der durch diesen Eingang – wegen der großen Bodenniveaudifferenz war vor dem Eingang eine Differenztreppe mit 6 Steigungen – in seiner Nutzung auch nach Vorstellungen des ausgehenden 19. Jahrhunderts stark beeinträchtigt gewesen sein muß. Ein »unmittelbarer Eingang« aus dem »Ahnensaal« erschien also sinnvoll.

Zum Verständnis des Grundrisses von 1895 muß angemerkt werden, daß das Treppenhaus im Burgstock erst vom 1.OG an auch zugleich eine Verbindung zum Zwingerstock darstellte. Die einzige Verbindung des Erdgeschosses im Zwingerstock mit dem nur gering höher liegenden Erdgeschoß des Burgstock war jene Treppe, die diagonal zur rechteckigen Struktur aus der Ecke des »Ahnensaals« in den anderen Gebäudeflügel führte. Diese Treppe ist aber sicherlich erst nach 1850 entstanden, also nach der Entfernung der die Wandmalerei verdeckenden Mauer: Eine Tür in der Flucht der Türen im »äußern Corridor«, die in den südwestlichen Eckraum des Burgstocks führt, ist auch in jüngeren Plänen zu sehen und war vor 1850 sicher auch vorhanden. Sie wurde wohl verschlossen um den angrenzenden Raum im Burgstock nicht mehr zum Durchgangszimmer machen zu müssen.

Auf mehreren Plänen zwischen 1895 und 1963 ist die Situation nach Entfernung der Wandmalereien und Holzsäulen zu sehen: mittig ist der 1850 geplante Eingang vom »Ahnensaal« in das Büro geführt, die Trennwand zwischen Büro und »Ahnensaal« hat links und rechts einen Hohlraum. Äußere und innere Mauer, zwischen 25 cm und 40 cm stark, haben einen Abstand von 50 cm bis 60 cm. Diese zweischalige Wandkonstruktion war der Ersatz für die zunächst vorhanden gewesene zweischalige Konstruktion und die dann folgenden Holzsäulen.

Das im Bayerischen Nationalmuseum gezeigte Reststück hat die Maße 528/194,5 cm. Der formale Aufbau des Bildes, der das Nebeneinander der Figuren betont, hat heute keinen seitlichen Abschluß, an der rechten Außenkante wird eine Figur sogar leicht angeschnitten, im Textfeld darunter sind sogar noch die ersten Buchstaben der Bildunterschrift der folgenden Figur zu sehen.

Trotz der heute nicht mehr genau nachvollziehbaren lichten Raumhöhe zwischen 3,5 und 4,0 Metern, kann durchaus angenommen werden, daß die Wandmalerei mit einem Fries direkt unterhalb der Zimmerdecke anschloß, da dies sowohl üblich war und die Präsentation im Nationalmuseum dieses ebenso wiederholt. Das bedeutet, daß die erwähnten Türöffnungen unterhalb der Malerei angebracht waren und diese nicht notgedrungen stören mußten, lediglich Fenster hätten Unterbrechungen zur Folge gehabt. An der ehemals vorhandenen Türöffnung in den nördlich anschließenden Raum kann dies nachvollzogen werden.

Folgt man Föringer, der für den Raum die Feststellung trifft, das es sich um einen »Ahnensaal« handle, der ringsum mit Figuren aus der Wittelsbacher Geschichte geschmückt gewesen sein muß, und diese Folge insgesamt aus 61 Figuren bestand[107], so kann man folgende Überlegung anstellen: in der regelmäßigen Verteilung beansprucht eine Figur etwa 37 bis 38 cm Breite im Bild. Die Wände des trapezförmigen, aber annähernd quadratischen Raumes haben die Längenmaße 6,1 / 6,0 / 5,7 / 6,0 m, in der Summe also 23,8 m. Daraus ergibt sich, daß der Maler – berücksichtigt man noch die Störung durch möglicherweise ein oder zwei kleine Fenster, nicht aber durch Türen – den zur Verfügung stehenden Platz für 61 Figuren ziemlich genau eingeteilt haben muß, denn bei gleichmäßiger Fortsetzung des Bildes auf allen vier Wänden hätte es insgesamt ca. 23 Meter Breite beansprucht.

Nach Abschluß der örtlichen Baumaßnahmen im Sinne einer Zusammenfassung von Raumfolgen, wie sie für einen Verwaltungsbetrieb erforderlich sind, wurde auf Veranlassung des Königs eine Renovierung in Auftrag gegeben. Sie erfolgte durch den Maler Thomas Guggenberger[108].

Abb. 33
Der Alte Hof im
Sandtner-Modell.

7 An der Schwelle zur Renaissance

7.1 Der Burghof im Sandtner-Modell

Über den Zustand des Alten Hofes im letzten Drittel des 16. Jahrhunderts sind wir genau informiert durch das Stadtmodell des Straubinger Drechslers Jakob Sandtner[109]. Er hat in den Jahren von 1568 bis 1574 die herzoglichen Residenzstädte Straubing, Landshut, Ingolstadt, München und Burghausen im Auftrag von Herzog Albrecht V. in Modellen dargestellt.[110] Der Herzog war – wie viele Wittelsbacher – ein den wissenschaftlichen und künstlerischen Fragen seiner Zeit aufgeschlossener Mann, der die Nützlichkeit und praktische Brauchbarkeit der Modelle erkannte, aber auch »(...) ihre reiche, das Auge sättigende, das Herz erwärmende Anschaulichkeit, die Freude am Wiederfinden seiner Städte im raffenden, verdichtenden Abbild, nicht ganz zuletzt aber auch seine Kunst-Lust, die mit dem Künstlerischen auch das Künstliche einschloß«[111] zu schätzen wußte.

Die Holzmodelle sind aus millimeterdünnen verklebten Lindenholzplättchen[112] im Maßstab ca. 1 : 616 – 750 gearbeitet. Die Darstellung ist keineswegs summarisch, wichtige Einzelheiten sind detailgetreu herausgearbeitet. Die Modelle sind »..in einer sehr allgemeinen Weise..« farbig gefaßt: »..Grün für die Landschaft, Braun oder Grau für die Plätze und Gassen, Blau oder Grün für das Wasser, Rot oder Grau für die Dächer..«[113]. Deswegen unterstreicht die Farbgebung des Modells nicht die natürliche Farbwirkung der Objekte im Stadtbild, es hat aus dieser Sicht daher keinen dokumentarischen Wert.

Zur Beurteilung der Bausubstanz und der Wirkung der öffentlichen Plätze muß man allerdings die Darstellungsweise von Sandtner berücksichtigen, wenn man nicht einer Fehlinterpretation erliegen will. Er hat zwar sehr genau gearbeitet und ist bei der Darstellung der Fassaden auch auf Einzelheiten eingegangen. Um sie aber besser zur Wirkung zu bringen, hat er die damals noch sehr schmalen mittelalterlichen Straßen etwas aufgeweitet, also breiter dargestellt, mit der Folge, daß die Straßenabwicklungen zwangsläufig verkürzt werden mußten, denn er wollte den Stadtgrundriß nicht unsachgemäß vergrößern. Dadurch wirken die Fassaden etwas in die Höhe gestreckt.[114]. Monumentalbauwerke hat er zur besseren Heraushebung ihrer städtebaulichen Bedeutung und Wirkung im Stadtbild geringfügig proportional vergrößert. Damit sind die Türme der Befestigung wie der Kir-

Abb. 34   Der Alte Hof in
einer Zeichnung von Gustav
Schneider nach dem Sandt-
ner-Modell. Im 1. Oberge-
schoß des mittleren Zwin-
gerstocks fällt eine Reihe
von fünf segmentbogigen
Fenstern auf, deren mittle-
res Fenster größer als die
benachbarten ist. Diese so
ausgezeichneten Räume
müssen ehemals eine Fern-
sicht bis in die Isarauen ge-
boten haben. (Die Sonnen-
uhr in der Zeichnung Stein-
leins gehört allerdings um
eine Fensterachse nach Norden, auf die Fassade des
»Risalits« verschoben.)

Abb. 35 und 36   In den hofseitigen Räumen im 1. Obergeschoß des mittleren Zwingerstock können heute noch
die ehemals segmentbogigen
Fenster (sowie das leicht
größere Fenster) nachvollzogen werden. Diese Räume
sind auch die einzigen gewölbten in diesem Geschoß.
Photograpie 1999.

chen höher als in der Wirklichkeit, wenn nicht ein Geschoß in der Darstellung vergessen wurde. Man muß wohl davon ausgehen, daß er die Grundmaße der Bebauung nicht selber aufgenommen hat, sondern sich eines erfahrenen Feldmessers bediente[115].

»(...) den Alten Hof, der zwar auch ein Geviert ist, doch ohne die starr geometrische Plangerechtigkeit der Renaissance, wie denn auch die Flügel keineswegs deutlich sind, vielmehr Aggregate von Teilen verschiedenen Alters. Die stärkeren Blöcke liegen südlich, auch der robuste, mit Satteldach gedeckte, in zwei Dachtürmchen gespitzte Torturm, dessen frühgotisches Tor sich als Hauptzugang der Burgstraße (wohlgemerkt Straße nicht Gasse) zukehrt, dies dem Zuge der alten, inneren Ostmauer folgend auf den Kräutlmarkt zuhält. Daß dieses Geviert erst mählich durch Angliederungen diese Größe gewann, möchte sich annehmen lassen. Die Kapelle, St. Lorenz, nördlich, wurde erst durch Kaiser Ludwig hierher gesetzt (1815 abgebrochen. Fraglich, ob sie schon eine Vorgängerin an dieser Stelle hatte)«[116]. Die schon bekannte Vierflügelanlage ist deutlich abzulesen. Das gilt auch für die Nordostecke, die heute in anderer Form bebaut ist. Klar ersichtlich ist aber die Südwestecke mit dem Torturm und dem sog. Affenturm in der Form, wie sie auch heute noch im Stadtbild wirken. Etwa um 1550 wird der Alte Hof mit der Gründung der Hofkammer Sitz einer Vorläuferin der heutigen Finanzbehörde. In den Jahren 1563/67 wird nördlich des Alten Hofes durch Wilhelm Egckl das Hofmarstall- und Kunstkammergebäude errichtet, das bis heute fast unverändert erhalten ist. Die Pfistermühle wurde 1573/79 errichtet, ihr Hauptgebäude hat sich ebenfalls bis heute erhalten. Die Hofkammer, also der Pfisterstock, wurde 1579 bis 1581 erbaut, wahrscheinlich auch durch Wilhelm Egckl.[117] Die heute vorhandene Brunnenfassung im Innenhof nahe der östlichen Gebäudekante stammt in dieser Form von 1827, bei Sandtner ist ihr Sechseck auch schon zu erkennen. Der Schopfwalm und das Zwerchhaus auf der Burghofseite des nördlichsten Zwingerstockabschnitts scheint erst mit dem Neubau der Generaldirektion der Zölle verschwunden zu sein.[118]

Markanter Orientierungspunkt im Gesamtmodell ist neben den bekannteren stadtbildprägenden Türmen der Turm des Alten Hofes am Ende der Burgstraße. Satteldach und Ecktürmchen entsprechen nach ihrer Form auch den jüngeren Darstellungen. Erkennbar sind neben den kleinen Fenstern der Türmchen sogar die feld- wie hofseitigen Inschriften-Felder auf halber Höhe des Turmes. Durch diesen Turm verlief damals wie heute auch der Zugang zur Gesamtanlage.

An diesen Turm schließt sich westlich ungefähr mit gleicher Gebäudetiefe der dreigeschossige Burgstock an, bei dem das auffallende schlanke, polygonale Erkertürmchen[119] im 1. und 2. OG mit einem später über die Trau-

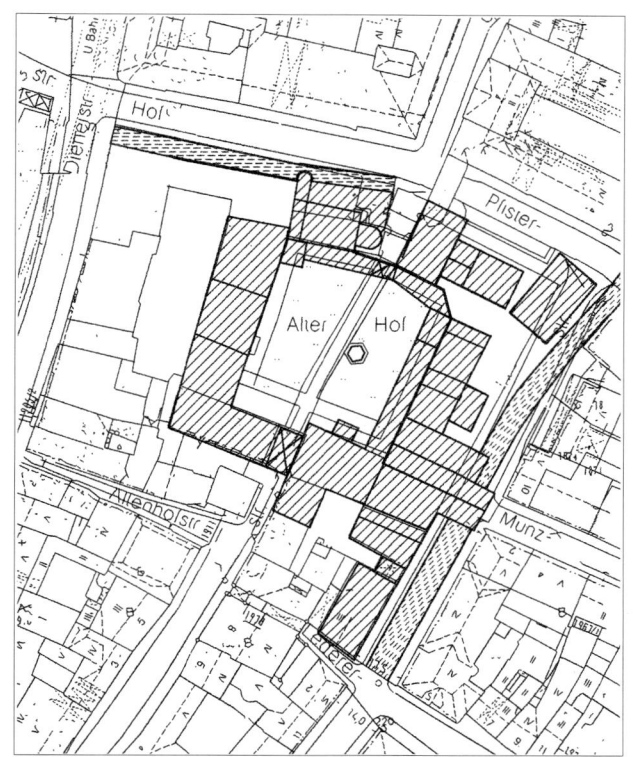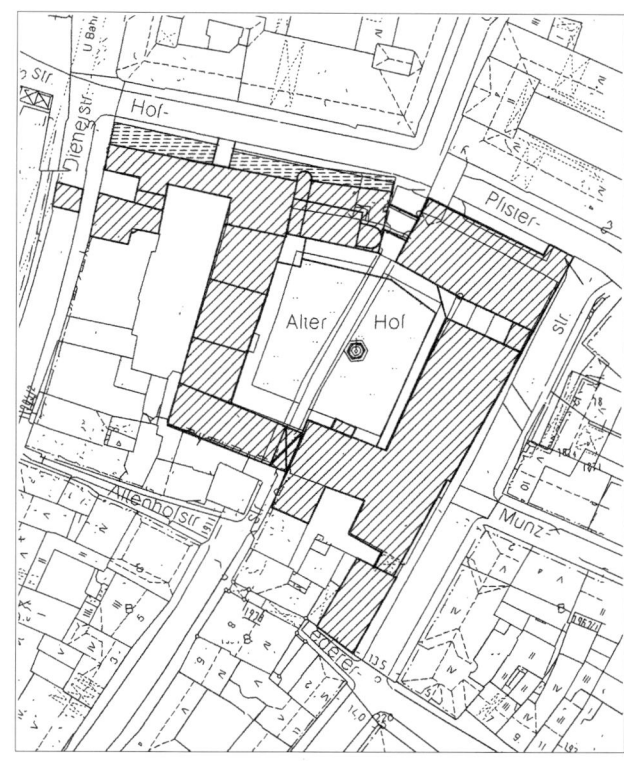

Abb. 37 (links) 4. und 5.
Bauphase (M=1:2000).
Ausgewiesen ist der Bau-
bestand, wie er im Sandtner-
Modell dargestellt ist.
6. und 7. Bauphase (rechts)
(M=1:2000).
In der Nordost-Ecke wird
1573/79 der »Pfisterstock«
errichtet, im Nordwesten
das »Palais La-Rosée« erworben und schließlich ab 1644
entlang der heutigen Sparkassenstraße das »Kurfürstliche Bräuamt« mit »Bräu-
haus« errichtet.

61

fe geführten Dachaufbau und spitzem Helm, aber auch einem spitzen Abschluß nach unten, besonders ins Auge fällt. Der Augsburger Patrizier Hainhofer[120] bezeichnet ihn anfang des 17. Jahrhunderts als »Thurm oben und unten spitzig«. Westlich neben dem Erker ist im Erdgeschoß nächst der Innenecke ein großer Eingang zu erkennen.

Die weitere Fassade ist durch einen in Nordsüdrichtung angeschlossen zweigeschossigen Baukörper verstellt, der allerdings nicht die gleiche Höhe erreicht und dadurch mit dem Dach die Traufe des Burgstocks durchschneidet. Östlich davon ist hart neben der Dachkehle noch eine Gaupe zu erkennen. Das Satteldach endet im Osten mit einem Schopfwalm.

Im rechten Winkel schließt nach Norden verschwenkt die Baugruppe des Zwingerstocks an, die aus drei Bauteilen besteht: der erste ist gegenüber dem Burgstock um ein Geschoß niedriger, sein Satteldach durchschneidet die Traufe des Burgstocks. Ein mittig angesetztes Eingangsportal und eine Standgaupe akzentuieren das Gebäude.

Der anschließende mittlere Bauteil des Zwingerstock erreicht etwa wieder die Traufhöhe des Burgstocks. Er besitzt wiederum einen eigenen Eingang, aber jetzt insofern eine auffällige Fassadengliederung, als mittig im Obergeschoß in Form größerer Fenster eine Loggia oder Laube zu erkennen ist, von der aus – in einer frühen Form der Burg, die nur eine niedrige Form der östlichen Bebauung aufwies – sich ein Fernblick bis zur östlichen Isarterrasse ergeben haben muß. Die Formen repräsentativen Wohnens, wie sie der »Affenturm« am Burgstock zeigt, sind also auch am Zwingerstock nicht vernachlässigt worden. Auf dem Satteldach sind außer einer Ladeluke nach Westen keinerlei weitere Aufbauten zu erkennen; die Kamine von Burg- und Zwingerstock liegen in der Regel an den Fassaden der Feldseiten. Der Südgiebel ist – wegen des niedrigeren Nachbargebäudes – freistehend. Bemerkenswert ist auch die über den Ortgang hochgeführte Schildmauer.

Der dritte und letzte Bauteil des Zwingerstocks ist profilgleich in derselben Firstrichtung nach Norden weitergeführt, die Fassadengestaltung entspricht wieder derjenigen des Burgstocks. Auffällig ist der Schopfwalm nach Norden, auf dem eine Dachgaupe zu erkennen ist. Der freistehende Giebel ist unregelmäßig befenstert. Vor diesem Giebel ist eine gartenartige Fläche ausgewiesen, die an der Nordseite durch halbrunde, festungsähnliche kleinere Bastionen eingefaßt ist.

Etwa entlang der durch den Giebel markierten Nordflanke der Hofanlage weist das Modell noch verbliebene Reste des mittelalterlichen Mauerrings auf. Sie sind durch die direkt davor gebaute, traditionell ostwest gerichtete Lorenzkirche verstellt. Das Schiff der Kirche ist durch sechs Pfeiler gegliedert, der kleine zweiachsige Chor ist deutlich eingezogen und geschlossen mit einem 5/8-Schluß. In die nördliche Ecke zwischen Chor und Schiff ist ein Treppenturm über polygonalem Grundriß eingestellt, über den man eine Empore, aber auch den Dachraum erreichen kann. Sein spitzer Helm hat auf dem Firstziegel das Abbild eines sitzenden Affen.

Es gibt eine Reihe von kleineren Nebengebäuden. Südlich vor dem Schiff schließt ein hallenartiger Vorbau an mit fünf offenen Bögen, deren östlicher das Ausgangstor ist. Darüber befindet sich ein offener Holzgang. Dieser Raum wird von Haeutle auch als Kreuzgang bezeichnet. Nördlich der Kirche ist ein kleines Meßnerhaus angebaut, erreichbar über ein Portal direkt neben dem offenen Gerinne des Hofgrabens. Der Holzgang setzt sich nach Osten fort und schwenkt schließlich nach Süden um.

Westlich der Kirche ist die Mauer von dem nördlichen Ausgang aus dem Burghof durchbrochen. Das Gerinne ist brückenähnlich überbaut. Es ist gut zu erkennen, daß sich der Verlauf der Stadtmauer fortsetzt.

Anschließend folgt nach Westen eine Baugruppe, die aus zwei giebelständigen Satteldachhäusern und einem quergestellten, mit einem hohen Satteldach abgeschlossenen Gebäude mit einem kleinen Anbau mit einem Pultdach besteht. Das kleinere Pultdach hat etwa die gleiche Traufhöhe wie die umgebenden Häuser, die schräge Dachfläche verdeckt fast den ganzen Giebel des größeren Gebäudes, an den es angelehnt ist. Die Häuser haben durchfensterte Fassaden, was auf eine Nutzung als Wohn-, Gewerbe- oder Verwaltungsbauten schließen läßt. Auf dem westlichen, der Lorenzi-Kapelle benachbarten Gebäude kann man sogar bei dem Bauteil, der die Stadtmauer überragt, einen Stufengiebel erkennen. Das kann als bewußte Nobilitierung des Hauses angesehen werden. Die Dachflächen tragen Dachgaupen oder, wie das mittlere, eine zweigeschossige Standgaupe auf der Dachfläche. Das deutet daraufhin, daß hier die Dachebenen als Bergeräume verwendet wurden. Alle genannten Häuser stehen im Süden etwa an einer gemeinsamen Grundlinie, sodaß sich nördlich vor dem mittleren Haus ein kleiner Hof mit Brunnen ergibt. Das östliche Haus hat an der Längsseite einen wohl hölzernen Anbau direkt über dem Pfisterbach. Weitergehende Einzelheiten sind am Modell nicht zu erkennen. Es läßt sich aus anderen Unterlagen aber rückschließen, daß das gestalterisch herausgehobene westliche Haus im Keller einen großen Raum mit zwei mächtigen Pfeilern als Wiederlager für sechs Kreuzgewölbe gehabt hat. Es spricht vieles dafür, daß dieser Bauteil mindestens mit seinem Untergeschoß in den Nachfolgebau einbezogen wurde[121].

Die Stadtmauer ist in diesem nordöstlichen Bereich noch auf voller Höhe im Modell zu erkennen: sie bildet die Rück- bzw. Giebelwand des östlichen der genannten Häuser, eine Praxis, die im Burgen- und Städtebau im Mittelalter immer wieder vorkommt. Sie wendet sich im Rücken der mittleren

Gebäude durch zweimalige Abknickung nach Süden, direkt auf den Westgiebel des östlichen Burgstocks zu. Feldseitig sind verschiedene kleinere
Gebäude unterschiedlicher Höhe zu erkennen, deren First in einem Fall
die Mauerkrone geringfügig überschneidet. Die Häuser sind nachrangige,
wohl hölzerne Ergänzungsbauten, die teilweise bis an den Pfisterbach her-
anreichen. Einzelheiten zu diesen Bauten sind nicht überliefert.

Etwa auf der Höhe der Gebäudefluchten des östlichen Burgstocks ist,
westlich über den Pfisterbach gestellt, ein Zwillingsbau mit Stufengiebeln
zu erkennen. Er schließt einen hofartigen Zwischenraum zum Burgstock
ab, der mit kleineren Anbauten aufgefüllt ist. Südlich davon ist ein größe-
res Haus zu erkennen, das heute noch steht: das Zerwirkgewölbe.

Der schon genannte Wehrgang setzt sich hinter der östlichen Mauer mit
gleichem Querschnitt wie im Norden fort. Diese Bauteile verdecken die
schon erläuterten kleineren Gebäude östlich vor der Mauer, die an oder
sogar über den Pfisterbach gebaut sind, bis die Mauer gegen den östlichen
Flügel des Südbaus stößt und damit endet. Das letzte Gebäude, der Südbau oder östliche Burgstock, gehört zum Kernbestand des Alten Hofes, in
ihm befindet sich die gotische Halle. Er hat einen nach Norden vorsprin-
genden schmalen Vorbau mit Satteldach und Schopfwalm sowie einen be-
fensterten Giebel. Das Erdgeschoß besitzt eine portalartige Öffnung.
Westlich daneben im Erdgeschoß schließt sich ein risalitartiger Baukörper
an. In diesem Gebäude soll sich ein Gefängnis für vornehme Gefangene
befunden haben, so daß es im Volksmund Schotten- oder Grafenstüberl genannt wurde. Das Gebäude wurde mit Ausnahme des Kellergeschosses
beim Neubau der Steuerkatasterkommission 1829 abgetragen.

7.2 Die historischen Dachtragwerke

In der einschlägigen Literatur zum Alten Hof werden die Dachstühle nicht
erwähnt. Es hat sich auch im Laufe der Nachnutzung seit dem 16. Jahrhundert keine Überlegung oder Planung nachweisen lassen, die wegen der
ständig erwähnten Raumknappheit vorgesehen hätte, diese weitgehend
stützenfreien Dachstühle auszunutzen und zu dem Zweck auszubauen. Sie
wurden lediglich zur Lagerung von Akten und Möbeln im 19. Jahrhundert
mit Rabitzwänden versehen.

Es war immer bekannt, daß sich im Alten Hof auf dem Burg- und Zwingerstock historische Dachstühle, wahrscheinlich aus der Erbauungszeit befinden. Durch eine eingehende Bauforschung[122] konnten genauere Erkenntnisse gesammelt werden, so daß jetzt auch zur konstruktionsgeschichtli-
chen Bedeutung Aussagen getroffen werden können.

Abb. 38 (oben) Dachwerke
im Alten Hof in der Reihenfolge ihrer Entstehung:
(oben links) nördlicher
Zwingerstock, 1425, (oben
rechts) Burgstock, 1463, (unten links) mittlerer Zwingerstock, 1562, (unten rechts)
südlicher Zwingerstock,
1757. Maßstab ca. 1:200.

Abb. 39 (links) Eine der
beiden im Zwingerstock
heute noch vorhandenen
Aufzugsspindeln, die zum
Antrieb des Seiles dienten,
mit dem durch die Ladelu-
ken (Aufzugsgauben) Waren
in das Dachgeschoß gezogen
wurden.

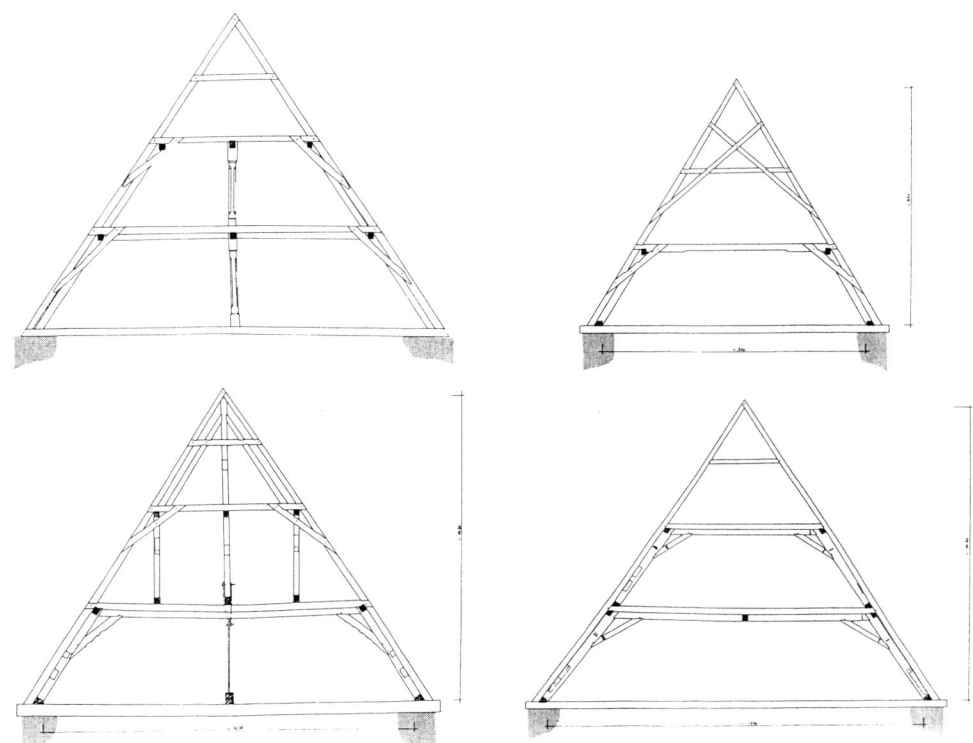

Der älteste Dachstuhl im Alten Hof befindet sich im Nordteil des Zwingerstockes. Er konnte dendrochronologisch bestimmt und einer Bauzeit um 1425/26 zugeordnet werden. Der zweifach liegenden Stuhlkonstruktion werden von dem Bauforscher Franz Hölzl noch gewisse Unsicherheiten in der Ausführung zugeschrieben. So fehlen die konstruktiv erforderlichen Spannriegel in der zweiten Dachebene. Die Kanthölzer der Reparaturkonstruktion sind auf 1759 datiert. Hier vermutet Hölzl einen Zusammenhang mit Arbeiten an der 1764 erfolgten Aufstockung des südlichen Zwingerstocks.

Das bemerkenswerte Dachwerk über dem mittleren Zwingerstock ist ein dreigeschossiges Kehlbalkendach mit Firstriegeln. Das Hängewerk über drei Geschossen läßt die Vermutung zu, daß hier ein heute nicht mehr vorhandener Saal im zweiten Obergeschoß stützenfrei überspannt werden mußte. Dazu wird im ersten Dachgeschoß ein hölzerner Überzug durch geschoßhohe, geschmiedete Hängeeisen gehalten. Hölzl stuft diese Konstruktion als ungewöhnlich ein, da das Schmiedeeisen zur Bauzeit erheblich teurer war als Bauholz. Die Zeitbestimmung läßt eine Bauzeit um

1562 wahrscheinlich werden. Möglicherweise sind hier auch Bauhölzer einer früheren Konstruktion verbaut worden.

Der Dachstuhl über dem südlichen Zwingerstock stammt von 1764. Hier, im direkten Anschluß an den Burgstock, ist der jüngste der Dachstühle zu finden: seine späte Aufstellung dürfte mit der Aufstockung des Gebäudes zusammenhängen. Auch hier gibt es drei Geschoßebenen einer zweifachen Stuhlkonstruktion.

Das Dachwerk im Burgstock stammt von 1463/64. Es weist im Gegenssatz zu den anderen Konstruktionen nur zwei Geschoßebenen auf, die untere unterstützt mit einer einfach liegenden Stuhlkonstruktion, die im oberen Bereich durch verblattete Kreuzstreben stabilisiert wird. An der Westseite ist noch der ursprüngliche Schopfwalm vorhanden. Der am Burgstock angebrachte Erkerturm weist im Dachgeschoß deutliche Brandspuren auf, die bisher jedoch nicht chronologisch zugeordnet werden können. Bemerkenswert ist hier, daß das oberste Geschoß des Erkerturms vom Dachgeschoß aus zugänglich ist; der Zutritt zum Erkerturm ist wie die Fensterverblendungen mit einem Eselsrückenprofil geschmückt.

Diese Dachtragwerke »stellen in ihrer unterschiedlichen Konstruktionsweise wesentliche Entwicklungsstadien der Ausformung von Dachstühlen in Repräsentationsbauten dar.«[123] Von weit überörtlicher Bedeutung ist vor allen Dingen der Dachstuhl über dem nördlichen Teil des Zwingerstocks. Er ist das früheste bayerische Beispiel einer liegenden Stuhlkonstruktion und steht am Beginn einer Entwicklung, die erst um 1850 zu Ende geht. Der folgende Dachstuhl ist vor allen Dingen deswegen von Bedeutung, da er ein Beispiel für eine aufwendigere Konstruktion darstellt, die das übliche Schema verläßt. Die drei ältesten der vier Dachstühle weisen stellenweise ornamental profilierte Kopfbänder auf, die vom gestalterischen Anspruch der damaligen Bau- und Zimmermeister auch in Bezug auf konstruktive Details sprechen.

7.3 Bauten im Umgriff der Burg

Schon sehr bald war das Burggelände für eine angemessene Hofhaltung zu eng, so daß platzaufwendige Abläufe ausgelagert werden mußten. Schon 1342 wurde ein vor der Burg in der Burgstraße gelegenes Haus erworben um es als Marstall zu nutzen. Doch schon bald sollte eine erneute Verlegung nötig werden: der Marstall kam Ende des 14. Jahrhunderts vielleicht schon in die Gegend des späteren, 1563/67 von Wilhelm Egckl errichteten Renaissance-Gebäudes[124]. Das Wagenhaus für den herzoglichen Fuhrpark fand auf einem Teil des benachbarten Grundstücks gegenüber der St. Lo-

Abb. 40 (rechts) Zeichnungen des Alten Hofes nach dem Sandtner-Modell von Gustav Schneider im Häuserbuch der Stadt München. Die überzeugend naturalistische Darstellung muß mit folgenden Vorbehalten angesehen werden: Die Zeichnungen orientieren sich am Modell Sandtners, das unbeschadet seiner hohen Qualität gewisse Eigentümlichkeiten enthält; so mußte der Zeichner den von Sandtner in Bezug auf die Straßenbreiten verzerrten Maßstab wieder entzerren. Sandtner verzichtete in seinem Modell fast vollständig auf Schornsteine, die folglich auch in den Zeichnungen fehlen, dafür sind in den Zeichnungen vielzählige Schleppgauben enthalten, auf die Sandtner ebenfalls verzichtet hat. Sandtners Modell kann nicht zwischen Holzbauten und Mauerwerksbauten unterscheiden, obwohl es zu Sandtners Zeit genügend Häuser, deren Obergeschosse in Holzkonstruktion ausgeführt waren, gegeben haben muß; diese Unterscheidung wird auch in den Zeichnungen nicht berücksichtigt. (vgl. auch die Zeichnungen auf der folgenden Seite).

renz-Kirche Platz, in dessen Nachbarschaft 1747/58 das Palais Toerring errichtet wurde. Zum Gebäudebestand des Alten Hofes gehört auch das
»Tuchsenhausersche Haus am Hofgraben mit einem Stadel rückwärts auf
das Barfüßerkloster hinausgehend.«[125] Das herzogliche Kastenhaus lag
zunächst neben dem frühen Marstallgebäude, möglicherweise sogar mit
ihm unter einem Dach. Haeutle erwähnt gegenüber dem Hofgraben vier
Häuser: als westliches Eckhaus das des Baumeisters Hanns Trager, daneben das der Pientzenauerin. Dann folgte ein Haus, welches 1466 Herzog
Albrecht III. gehörte und schließlich dasjenige des Hanns Teyninger.
Nördlich dieser Gebäudekette und damit mit seiner Ostseite wieder gegenüber dem Marstall stand das fürstliche Wagenhaus. In dieser Gegend
muß auch das mittelalterliche Herzogenbad gelegen haben, in dem Herzog
Albrecht IV. seinen Bruder Christoph gefangen nehmen ließ.

Auch die zum Hofjagdwesen gehörenden Gebäude waren schon Ende des 14. Jahrhunderts aus dem eigentlichen Hof verdrängt. Die Punzknechte waren in einem Haus und nördlich des Alten Hofes entlang der Münzstraße angesiedelt worden. In der Nähe des Schwabinger Tores befanden sich das Jägerhaus, das Hundehaus und das ausschließlich den Windhunden vorbehaltene »Windhaus«. Etwas weiter östlich stand der Falkenturm für die Jagdfalken und ihre Betreuer. Er wurde erst mit dem Ausbau der Maximilianstraße abgebrochen. Südlich im Anschluß an den Marstall wurden um 1570/80 die Bäckerei und die Mühle errichtet. Letztere hat sich im Gebäude der Pfistermühle erhalten.

Bemerkenswert ist die Tatsache, daß für die über 250 Jahre nachweisbare Haltung von Löwen und anderen exotischen Tieren[126] am Münchner Hof 1580 ein eigenes Löwenhaus, das sogenannte Löweneck in der Burgstraße 7, errichtet wurde. Philipp Hainhofer hatte es gesehen und beschrieb es:

> »(...) Gleich vor dem Hof draussen hat es ein Hauss, darinn ein schöner grosser Löw vnd Löwin u.s.w. und hat fallen, wann mans versperren will. Auf ainem hültzenen gang sihet man zu Ihnen hinab. Die fürstliche Personen sehen inn der Harnisch-Cammer durch ein vergättert fenster zu Ihnen hinunder (...)«[127]

Westlich gegenüber dem Löwenhaus baute sich Herzog Albrecht IV. in Nachbarschaft zum Zerwirkgewölbe und dem Schlichtingerbogen ein Haus für einen unbekannten Zweck. Vielleicht hielt er hier oder im Nachbarhaus die Jagdfalken, denn es hat sich die Bezeichnung »Falkenhaus« überliefert.

Im Gegensatz zu diesen Auslagerungen ist es allerdings bemerkenswert und weist auf die Bedeutung hin, daß das Brauwesen, nämlich das braune Bräuhaus und das Bräuamt, nach 1590 in einen Neubau in den Alten Hof an seine Ostseite verlegt wurde. Das heutige Zerwirkgewölbe ist kein altes, noch aus der Zeit Kaiser Ludwig stammendes ehemaliges Hofbräuhaus, wie Nagler in seinem Bericht festhält. Es wurde als Bräuhaus erst um 1598 errichtet, nachdem ein an dieser Stelle errichtetes Herrenhaus und ein benachbartes Badgebäude eingerissen wurde. Da 1598 mit dem Brauen begonnen wurde, müssen die Bauarbeiten weitgehend abgeschlossen gewesen sein. Seit 1808 wird nicht mehr im Alten Hof gebraut[128], die Lokalitäten werden auf das Platzl hinaus verlegt. 1810 wurde ein Anbau zum Bräuhaus abgebrochen, der bis dahin über dem hier damals noch in offenem Gerinne laufenden Pfisterbach gebaut war. Der Bach floß damit auf die ganze Strecke wieder offen.

Zu den weiteren Bauten, die schon bald im eigentlichen Hof keinen Platz mehr fanden, gehörten auch das Münzhaus, der spätere Bockkeller, das in die spätere Münzstraße 7/8 verlegt wurde und von dort 1810 in den inzwi-

Abb. 41 (oben) Zeichnung der an den Pfisterbach grenzenden Ostseite des Alten Hofes von Gustav Schneider im Häuserbuch der Stadt München.

Abb. 42 (unten) Zeichnung des Alten Hofes mit der Dienerstraße und der Altenhofstraße im Vordergrund von Gustav Schneider im Häuserbuch der Stadt München.

schen wieder durch einen Neubau ersetzten Marstall von 1563/67 kam. Das Kastenhaus fand am Hofgraben einen Platz, ein Haus für den Küster wurde nördlich an die Kirche angeschlossen.

Schon im Sandtner-Modell wird deutlich, daß im dicht bebauten Umgriff des Alten Hofs auch großkronige Bäume gestanden haben. Tatsächlich werden in den Quellen im Laufe der Zeit drei verschiedene Gärten genannt. Einer wurde Mitte des 14. Jahrhunderts beschrieben als »Paumgarten hinter seiner Burckmauer und der alten Stadtmauer gelegen«. 1422 bzw. 1460 ist aber nach Haeutle in zwei verschiedenen Urkunden auch ein Garten westlich direkt vor der Außenmauer des Zwingerstocks nachgewiesen. Nagler beschreibt diesen Garten:

> »Der Hof war mit einer hohen Mauer umgeben, welche an der Westseite der Burg einen Garten einschloß, in welchem drei Fontainen sich befanden. Dieser Hof ist noch vorhanden hinter den Häusern Nr. 13 und 14 an der Dienerstraße, und ganz beengt durch die Hinterbauten Nr. 15 und 16 an derselben Straße, und des Hauses Nr. 1 am Altenhof-Gäßchen. Wir müssen annehmen, daß zur Zeit Ludwigs des Strengen auf der Westseite der Garten und die Burg von der Mauer umschlossen war, welche bis an das alte Thor reichte, und im Altenhof-Gäßchen sich an den Löwenzwinger schloß. Erst gegen das Ende des 15. Jahrhunderts wurde die Häuserreihe an der Dienersgasse hergestellt, und namentlich wird ein Erasmus Fendt genannt, welcher Haus, und Hof des Herzogs Albert verbaute.« [129]

8 Baumaßnahmen in Renaissance und Barock

8.1 Pfisterstock

Durch das Sandtner-Modell ist erstmals an der nordöstlichen Ecke des Alten Hofes eine Baugruppe nachzuweisen. Kurze Zeit nach der Darstellung der drei Gebäude im Stadtmodell mußten das mittlere und östliche einer Baumaßnahme weichen: zwischen 1579 und 1581 wurde der Pfisterstock errichtet[130], wie er in der Folgezeit auch in verschiedenen Darstellungen auftaucht. Damit begann die erste wirklich nennenswerte nachmittelalterliche Baumaßnahme im Zusammenhang mit dem Alten Hof seit der zweiten Hälfte des 13. Jahrhunderts: Wilhelm V. veranlaßt einen Neubau für die Hofkammer, das oberste Finanzgremium des Herzogtums. Der Architekt war möglicherweise der Hofbaumeister Wilhelm Egckl[131], der schon den Saal der Residenz 1563/67 erbaut hatte, dann das Antiquarium und 1563/67 den Marstall. Der Baubeginn fiel in das Todesjahr Albrechts V., dessen umfangreiche Bibliothek, zu dem Zeitpunkt wohl eine der größten Europas, hier untergebracht werden sollte, obwohl dafür ursprünglich das Obergeschoß des 1569 bis 1571 errichteten Antiquariums vorgesehen war. Unter der Herrschaft Wilhelms V., des ersten großen Bauherren unter den Münchner Wittelsbachern, wurde der Bau vollendet.

Der Baukörper ist über nahezu rechteckigem Grundriß entwickelt, dreistöckig und mit Ziergiebeln an der Ost- und Westseite in den typischen Formen der Renaissance. Das untere Geschoß wurde dreischiffig eingewölbt mit Kreuzgratgewölben über fünf Pfeilerpaaren und den Außenwänden[132]. Dadurch ist ein großer Raum entstanden. In den beiden Obergeschossen zeigt der Gebäudeschnitt Holzbalkendecken und in der Dachkonstruktion einen zweistöckigen liegenden Stuhl, eine spezielle Konstruktion, die immer dann angewendet wird, wenn ein Bereich weiträumig überspannt werden soll. Das ganze Gebäude ist also als Saalbau ausgebildet. Daher ist wohl auch die Bezeichnung »Tanzhaus« abzuleiten.

In den Rechnungen[133] werden qualitätvolle Bauteile erwähnt, aus dem sich das Aussehen des Gebäudes rekonstruieren läßt. Als Material spielt Tuffstein eine große Rolle für bestimmte wichtige Elemente des Bauwerks. Das Material wird verwendet für Türgewände und Postamente, Stiegentritte und schließlich für Platten und Kugeln als Zierat auf dem Giebel. Erwähnt sind aber auch marmorne Türgewände und Schäfte sowie Eichenholzfenster und Holzvertäfelungen im Saal und in »einzelnen Gelassen«. Das deutet wohl auf besondere Räume hin. Die Fassaden wurden verputzt und der Dachstuhl offenbar mit Schindeln eingedeckt.

Im Rahmen der Baumaßnahmen wurde große Sorgfalt auf die Sicherung des vorhandenen Bogens über den ehemaligen Hofgraben gelegt. Das nördliche Tor aus dem Alten Hof ist wohl im Rahmen dieser Baumaßnahmen vollständig erneuert und die Lorenzkirche durch einen Gang mit der Hofkammer verbunden worden.

Dieser Pfisterstock ist das erste nachweisbare Gebäude, das im Alten Hof errichtet wurde, nachdem er als Wohn- und Regierungssitz der regierenden Herzöge aufgegeben worden war und die Bausubstanz auf die Nutzung durch die öffentliche Verwaltung überging.

Das Gebäude diente bis 1770/80 als Archiv und Bibliothek und wurde dann zum Verwaltungsbau für den Rechnungshof umgebaut. Aus der Umbauphase stammt auch der im Nordosten angebaute Treppenhausrisalit. Die Verbindungsbrücke zwischen dem Münzgebäude und einem nord-süd-orientierten Gebäude des Alten Hofes, die ein Teil eines Laufganges zwischen Altem Hof und Residenz ist, besteht bereits im Sandtner-Modell. Der Kellergeschoßgrundriß des Pfisterstocks und baukonstruktive Problematiken legen es nahe, daß jenes nord-süd-orientierte Gebäude als Widerlager der Brücke im Neubau des Tanzhauses bestehen blieb. Die östlichen fünf Joche des Kellergewölbes im Tanzhaus zeigen im Gegensatz zu den westlichen zwei Jochen eine augenfällige Regelmäßigkeit.[134] Ein Vergleich mit dem Grundriß des Sandtner-Modells erhärtet diese Vermutung.

Der vorgelagerte Wehrgang auf der Seite des Burghofes, der nach Interpretation der Forschung als Bestandteil des ersten Mauerrings anzusehen ist, wurde nach der Errichtung des Pfisterstocks vor 1600 wohl nur sukzessive abgetragen. Auf historischen Plänen ist der Wehrgang bis 1644[135] noch ganz, 1705[136] noch in dem Teil zu sehen, der über den Wehrgang vor der St. Lorenz-Kirche den Verbindungs-Korridor zur Neu-Veste darstellte. Im Kellergeschoß-Grundriß von 1829 ist noch ein Teil dieses ersten Mauerrings anschließend an den Pfisterstock zu sehen[137]. Der Pfisterstock, bzw. seine Vorgängerbauten, sind im Bereich des ehemaligen Bachbettes des Burg- und zugleich Stadtgrabens errichtet worden. Bei den Abbrucharbeiten 1957/58 wurden neben dem Skelett eines Esels[138], der wahrscheinlich im Graben ertrunken ist, auch Eichenpfähle[139], die zur Fundierung im weichen Grund dienten, geborgen.

Bemerkenswert ist, daß es analog der Verbindungsbrücke zwischen dem Münzgebäude und dem Alten Hof, als Teil des Laufganges seine Parallele besteht: eine ähnliche Einrichtung existiert heute noch im »Corridoio Vasariano« in Florenz, der den Palazzo Vecchio mit dem Palazzo Pitti verbindet.

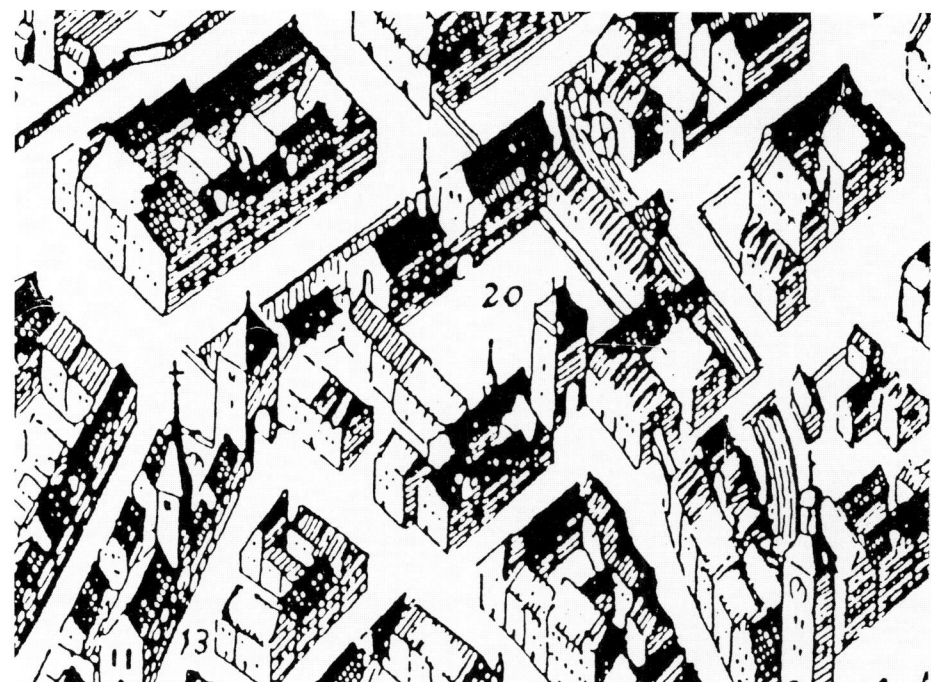

Abb. 43 Der Alte Hof in einem Stadtplan von Mathäus Merian, 1640. Die Darstellung bei Wenzel Hollar 1605 ist nahezu identisch.

Abb. 44 Der Alte Hof in einem Stadtplan von Mathias Paur, 1705.

Hier wie in München ist die geschützte Verbindung abseits öffentlicher Straßen und Gassen einerseits Ausdruck des engen funktionalen Zusammenhangs der verbundenen Gebäude, andererseits aber auch ein Hinweis auf die Person des Nutzers, nämlich den betreffenden Regenten selbst und seinen engsten Kreis.

Ein solcher Übergang muß bereits 1409 zwischen dem Alten Hof und dem Haus eines Hans Oberhäuser bestanden haben. Zunächst handelt es sich wohl um eine reine Holzkonstruktion, die 1457 noch einmal erwähnt wird, als Verbindung zwischen dem Kastenhaus und von dort weiter zur Neuveste. 1581 wurde der Hofgang im Zusammenhang mit dem Neubau der Hofkammer in einen Steinbau umgesetzt.[140] In dem heute noch vorhandenen Übergang zwischen dem Finanzamt und der späteren Münze ist dieser oder ein Nachfolgebau dieses Ganges zu sehen. Der Zugang zum ehemaligen Münze ist allerdings schon mindestens seit dem ausgehenden 19. Jahrhundert vermauert.

Zwischen 1787 und 1789 wird über dem Hofkammer-Gebäude, dem Pfisterstock, ein neuer Dachstuhl aufgeführt[141]. Die hier bereits drohende Einsturzgefahr des »gänzlich verfaulten« Dachstuhls – einige Beamte hatten ihre Zimmer verlassen müssen – und die Reihe von Abbrüchen von Gebäuden und Gebäudeteilen im Alten Hof zu Anfang des 19. Jahrhunderts sprechen von einem vernachlässigten Bauunterhalt im 18. Jahrhundert: man hatte die Bedeutung dieser Anlage, die natürlich nicht unbedingt in die Ästhetik der folgenden Epochen paßte, zunehmend aus den Augen verloren.

8.2 Brunnenstock

Noch vor 1613 wurde das Bräuhaus anstelle sekundärer Bauten entlang dem Pfisterbach errichtet, da es im Stadtplan von Tobias Volckmar bereits identifiziert werden kann. Durch die Baupläne für die spätere Steuerkatasterkommission haben wir Kenntnis vom Grundriß des Kellers: das unregelmäßige, im wesentlichen aus drei unterscheidbaren Stützenrastern bestehende Gewölbe wird auch hier durch Einbezug von Bestehendem entstanden sein.

8.3 Burg- und Zwingerstock

Der Augsburger Patrizier Philipp Hainhofer besuchte 1611 auch den Alten Hof in München und hielt seine Eindrücke dabei schriftlich fest. Er sah in der südlichen Durchfahrt den Stein und die drei eisernen Nägel, die an mittelalterliche Sportarten erinnern und heute in der Residenz aufbewahrt werden. Im Alten Hof seien »die Rent- und lehenstuben und ain theil der Cantzley« untergebracht.[142]

Eine komplette Erneuerung des südlichen Dachstuhlabschnittes des Zwingerstockes erfolgt kurz nach 1757/64, wie durch dendrochronologische Datierung belegt werden kann[143]. Sie ist wohl als komplette Erneuerung zu sehen, möglicherweise im Zusammenhang mit einer Aufstockung des Gebäudes[144] und Reparaturen im nördlichen Abschnitt, die Geschoßdifferenz im Zwingerstock ist bei Sandtner identifizierbar, aber nicht mehr bei Volckmer 1613 oder Paur 1705[145].

Bis 1800 soll es im Zwingergarten noch drei Fontänen gegeben haben[146]. Damit zeigte sich der Alte Hof im 17. Jahrhundert noch immer mit gewisser Nobilität, die sich nur mit der noch engen Verbindung des Hofes zu den höchsten Verwaltungsorganen, deren Leiter stets auch dem Adel angehörten, erklären läßt.

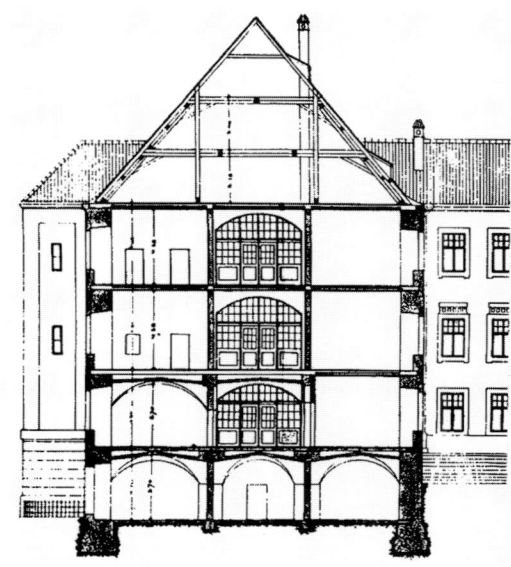

Abb. 45   Der Pfisterstock als Hallenbau des späten 16. Jahrhunderts: (Schnitt aus Plänen von 1902/3 vgl. Planserie im Anhang), vorgesehen als Bibliothek Albrecht V., die von Christian Haeutle Wilhelm Egckl zugeschrieben wird, von der aber keine Pläne aus der Bauzeit bekannt sind. Die beiden unteren Geschosse waren eingewölbt.

9 Der Alte Hof um 1800 / Johann Paul Stimmelmayr und Domenico Quaglio

Die mit eigenen Handskizzen illustrierten Texte des Münchner Hofkaplans und Chronisten Johann Paul Stimmelmayr zu Bauten in München, der näheren Umgebung, aber auch der Kleidung seiner Zeitgenossen, sind ein bemerkenswertes Zeugnis der Zeit um 1800. Im Vergleich etwa zu den Graphiken Lebschées sind die perspektivisch nicht korrekten, aus dieser Sicht laienhaften Zeichnungen, die offenbar grundsätzlich vor Ort entstanden sind, für das Verständnis der dargestellten Situation eine sehr verläßliche Quelle. Stimmelmayr setzt sich unter anderem auch mit dem Alten Hof und der St. Lorenz-Kirche auseinander und stellt sie in den Jahren zwischen 1750 und 1800 dar[147]. Dabei fallen die signifikanten Bauten von Torturm und St. Lorenz-Kirche sowie an der Ostseite des Hofes die Anlagen des Braunbräus und westlich der Kirche die des La Rosée- bzw. Polizeihaus am Hofgraben auf.

Auf seinen Zeichnungen ist aber auch mehrmals in der Mitte des Burghofes ein gemauertes, erdgeschossiges Wachhaus zu sehen. Das Wachhaus ist hier ein kleiner, bescheidener Bau, der wohl auch nicht immer als darstellungswürdig galt. Haeutle berichtet, daß im Innenhof bereits 1705/15 ein Wachhäuschen stand, das 1737 zum zweitenmal errichtet wurde.[148] 1785 erfolgte eine Verlegung des Brunnens mehr nach der Mitte des Hofes. Damit war die wegen Verunzierung allseits gewünschte Beseitigung des Wachhäuschens verbunden, obwohl es erst vor 49 Jahren errichtet worden war. Die Wachen erhielten ein neues Quartier unter der Hauptkassa. Zu dieser Zeit zieht auch eine weitere Behörde in den Alten Hof ein, das Wechselgericht: sie erhielt das Zimmer der Hof-Futtermeisterei.

Zu den Ansichten des Burghofes[149] bemerkte Stimmelmayr, daß sich im Pfisterstock die Hofkammer befinde, im Brunnenstock das Bräuamt, im Burgstock, »wo der Turm auf dem Spitz steht«[150], das kurfürstliche Siegelamt und im Zwingerstock der Hofrat und die Dicasterien[151].

Die Kirche St. Lorenz hatte Stimmelmayr – und das gilt auch für fast alle anderen Münchner Kirchen – in mehreren Darstellungen der Außenansicht und des Innenraumes festgehalten und beschrieben. Er schrieb von einem der vier äußeren Stützpfeiler des Chores, daß »an dessen Spitze ein steinerner Aff mit einem herzogl. Prinzen od. Kinde angebracht ist, zum Andenken, daß so ein Aff einen herzogl. Prinzen da soll hinauf getragen haben, bis man ihn, mit derselben Behutsam wieder herein lockte.« Zwischen den beiden mittleren Stützpfeilern des Chors war das Wandbild des Hl. Lorenz angebracht, gut sichtbar für die Benutzer des Durchgangs nach Norden. Sie kamen auf diesem Weg gleich neben dem Wandbild auch an zwei Portalen vorbei, die zu den Anbauten auf der Nordseite der Kirche führten, links in den Chorraum der Kirche und daneben in die Wohnung des Küsters. Durch den linken Eingang gelangte man auch zu dem schlanken Treppenturm über polygonalem Grundriß, der offenbar den Dachraum[152] der Kirche erschlossen hat.

Auf der Südseite der Kirche war die Sakristei[153] angebaut, die einen eigenen Zugang von der nördlichen Hofdurchfahrt hatte. Darüber verlief der offene Gang zu den Dicasterien. Hier gelangte man durch ein bogenförmiges Portal in die Kirche. Die Lage dieses Portals steht in Widerspruch zu der Darstellung auf dem Sandsteinrelief von 1324, bei der das Portal in dem mittleren von drei Jochen des Kirchenschiffes liegt. Nach Stimmelmayr erschließt das Portal aber auch eine westlich anschließende Treppe, die »zu den Dicasterien, besonders zum Hofrath herauf kömt«, einen »Stiegenerker«. Vor dem Westgiebel war vor allem – perspektivisch verschoben – der überdachte Gang zu dem vorgelagerten Rundturm zu erkennen. Im Obergeschoß dieses Ganges liegt die Magdalenenkapelle, westlich anschließend ein eingeschossiges Gebäude, das als Stallgebäude zum benachbarten Anwesens des Grafen La Rosée gehört, »sodann 7. der Wohnstock des Graf Larosee mit einem höchern Zwischengebäud 8. äußerst rechts hinaus, ist dahinter der Larosee Thurm, m. Bogen wodurch man in die Dienergasse eingeht.«

Der Innenraum der Kirche wird hier erstmals wirklich konkret faßbar. Wenn auch die Skizzen keinerlei künstlerischem Anspruch genügen können, so ist doch der Grad der Genauigkeit, die Informationsfülle und Zuverlässigkeit erstaunlich. Demnach ist der Innenraum der Kirche das typische Beispiel eines frühen gotischen Kirchenraumes im hohen Mittelalter: auf hoch ansetzenden Kragsteinen ruhten die Kämpferpunkte, von denen die Rippen des Gewölbes ausgingen. Die an der südlichen Langhauswand erst weit oben ansetzenden, im Gegensatz zur nördlichen auch viel kleineren Fenster sind aus der nur schwer zu durchbrechenden, hier in den Neubau einbezogenen älteren Wehrmauer zu erklären. Ihre erhebliche Mauerstärke machte einerseits äußere Stützpfeiler zur Aufnahme des Gewölbeschubs an der Südseite überflüssig, andererseits aber den Einbau von Fenstern sehr aufwendig und lud damit ein zur Anordnung weiterer Bauteile südlich dieser Mauer.

In dieser Kirche wurden zu Zeiten Kaiser Ludwigs des Bayern die Reichskleinodien aufbewahrt. Als Hofkirche war sie aber auch mit einer Reihe anderer Kunstwerke ausgestattet. Im Innenraum der Kirche[154] war an der

Abb. 46 Johann Paul Stimmelmayr, im Burghof und der Burgstraße: »Altenhof von innen gegen Süd (oben), gegen Nord (Mitte), Thurm von außen gegen Nord.« Abbildung in ca. zweifacher Vergrößerung.

Abb. 47 Johann Paul Stimmelmayr, die »Altenhofkirche« mit Giebel des Zwingerstocks und dem Larosee-Haus (oben), der Chor der Kirche (unten). Abbildung in ca. zweifacher Vergrößerung.

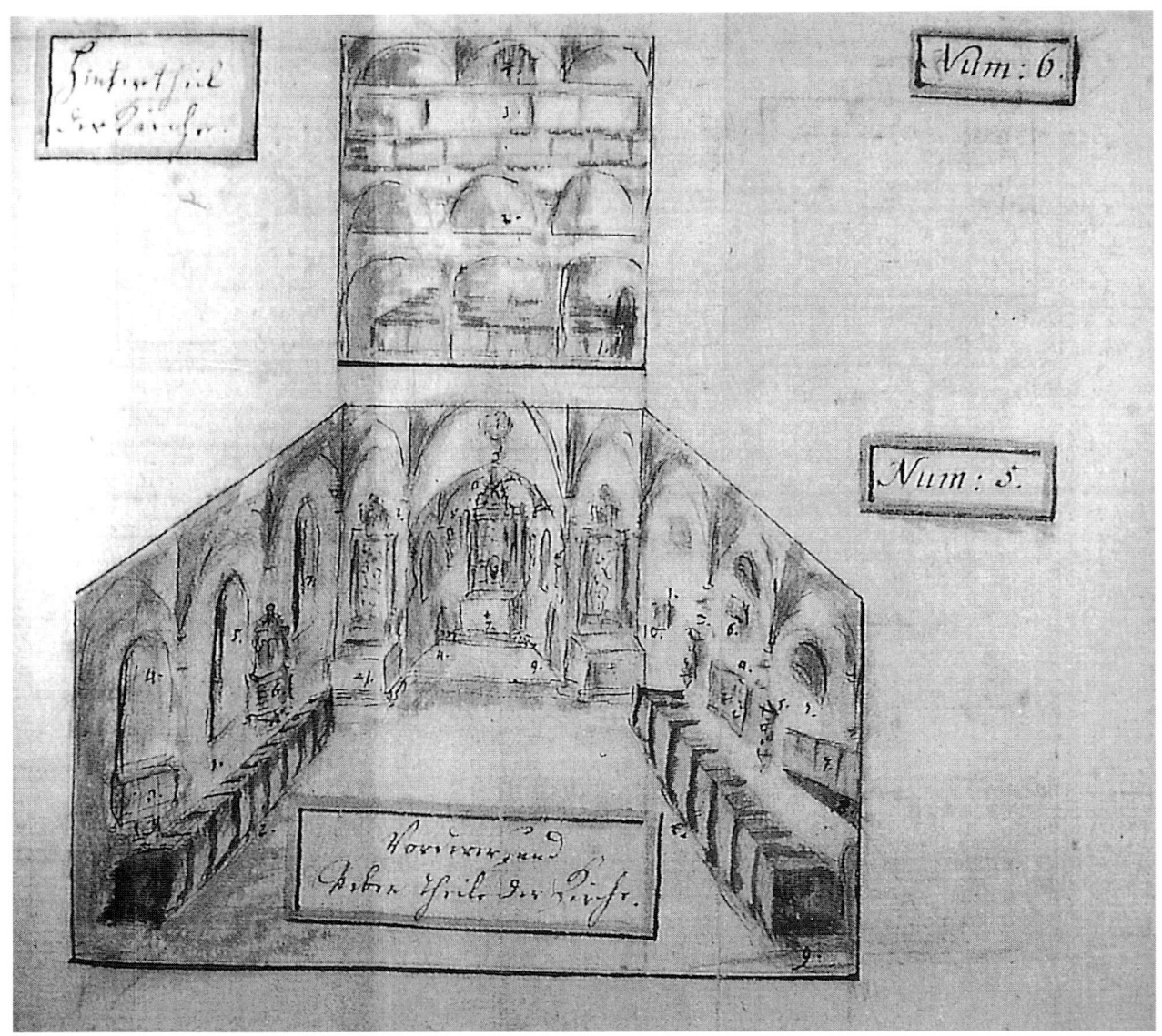

linken oder »Evangelii Wand« ein Oratorium angebracht, darunter eine Tafel, weiter vorn die Kanzel, »mit den 4 Zeichen d. Evangelisten geziert, so vergöldet«. Es folgte ein Nebenaltar »mit dem Altarblatt Ecce homo und 2 schwarz gepeitzten etwas vergoldeten Neben Säulen«.

Der rechte Nebenaltar zeigte ein Bild des Heiligen Judas Thaddäus mit der Heiligen Dreifaltigkeit darüber. An der südlichen Langhauswand oder

Abb. 48   Johann Paul Stimmelmayr, der Innenraum der Kirche: »Hintertheil der Kirche (oben), Vorderer und Neben Theil der Kirche (unten)«. Abbildung in ca. zweifacher Vergrößerung.

»Epistel Seite« war vom Chor zum Eingang hin im ersten Joch eine Tafel der »schmerzhaft Mutter Gottes«, dann folgte im nächsten Joch eine Gruppe bestehend aus einer Tafel mit der Darstellung des gegeißelten, zu Boden gefallenen Christus, links daneben »eine sitzende Muttergottes in Lebensgröße von Schneidarbeit«, rechts daneben eine entsprechende Figur des Hl. Joseph. Über dieser Gruppe war unterhalb des Fensters das heute im Bayerischen Nationalmuseum aufbewahrte Stifterrelief, das noch die Reste der farbigen Fassung zeigt, angebracht, »wo oben die Jahreszahl 1324 das Jahr der Vollendung dieser Kirche« angab. Im nächsten Joch hing ein großes Kruzifix, darunter begann ein auskragender Teil der hinteren Empore, an der Wappen befestigt waren.

Quer zum Kirchenschiff lag vor der Westwand der Kirche eine dreigeschossige Empore sowie eine Treppe, die diese Empore erschließt. Der Zugang zur Empore war durch eine Tür rechts in der Ecke, der Zugang zu den einzelnen Emporen war in der Mittelachse. Das erste Geschoß war den »mindern Dicasterinaten« vorbehalten, die »ober für Räthe, an welcher rechts hinaus gegen Nord, od. dem Hofgraben zu eine kleine Kapelle mit 2 kleinen Fensterln gegen den Hofgraben hinaus, und darin ein Altar mit Muschl Verzierungen wie einer Eremitage, woraus das Bild d. heil. Magdalena und ein eisernes Gitter vor.« Im obersten Geschoß der Empore befand sich die Orgel und Plätze für den Chor.

Der Chor ist gegenüber dem Schiff nicht unwesentlich eingezogen, zwei Joche lang und mit einem 3/8-Schluß. An den Wänden im Chor waren Wandfiguren aufgestellt. In der Mitte des Chors »stand der Choraltar, in welchem das Bild der Marter S. Laurentii, und oben ein kleineres von S. Michael mit der Lanze und an den Seiten doppelt geschlangelte schwarz gebeizte, etwas vergoldete Säulen, und am Aufsatz derlei kleinere. 8. am Altare untenher ist ein länglichter Tabernacl, worin eine hohe spitzige gothische von Silber gegossene Monstranz mit Säuleln und Figürln.«

Kurz nach 1800 fertigte der italienische Architekturmaler Domenico Quaglio[155] Zeichnungen und Aquarelle des Alten Hofes. Seine Darstellungen entsprechen größtenteils dem von Stimmelmayr gezeigten Bauzustand, wenngleich auch mit einem wesentlich höheren künstlerischen Anspruch. Da diese Werke Quaglios keine Architekturdokumentation im Sinne Stimmelmayrs sein wollen, sind die mannigfachen Details der Darstellung auch nicht allzu hoch zu bewerten. Mit Quaglio setzt eine Abbildungstradition des Alten Hofes ein, die sich im wesentlichen nur noch auf den Burgstock von Süden und Norden sowie die Hofseite des Zwingerstocks konzentriert.

Abb. 49 Domenico
Quaglio, St. Lorenz
Kirche und Alter
Hof, Radierung,
1806.

Abb. 50 Domenico Quaglio,
Burgstock im Alten Hof,
Aquarell, 1806.

Abb. 51 Domenico Quaglio,
St. Lorenz Kirche im Alten
Hof, Aquarell, 1806.

83

Abb. 52   Carl August Lebschée, St. Lorenz Kirche und Alter Hof, Sepia-Aquarell, 1870. Für diese wie die folgende Graphik mußte sich Lebschée verschiedener Vorlagen bedienen, da er selbst diese bauliche Situation nicht mehr erlebt haben kann.

Abb. 53   Carl August Lebschée, St. Lorenz Kirche im Alten Hof, Sepia-Aquarell, 1870.

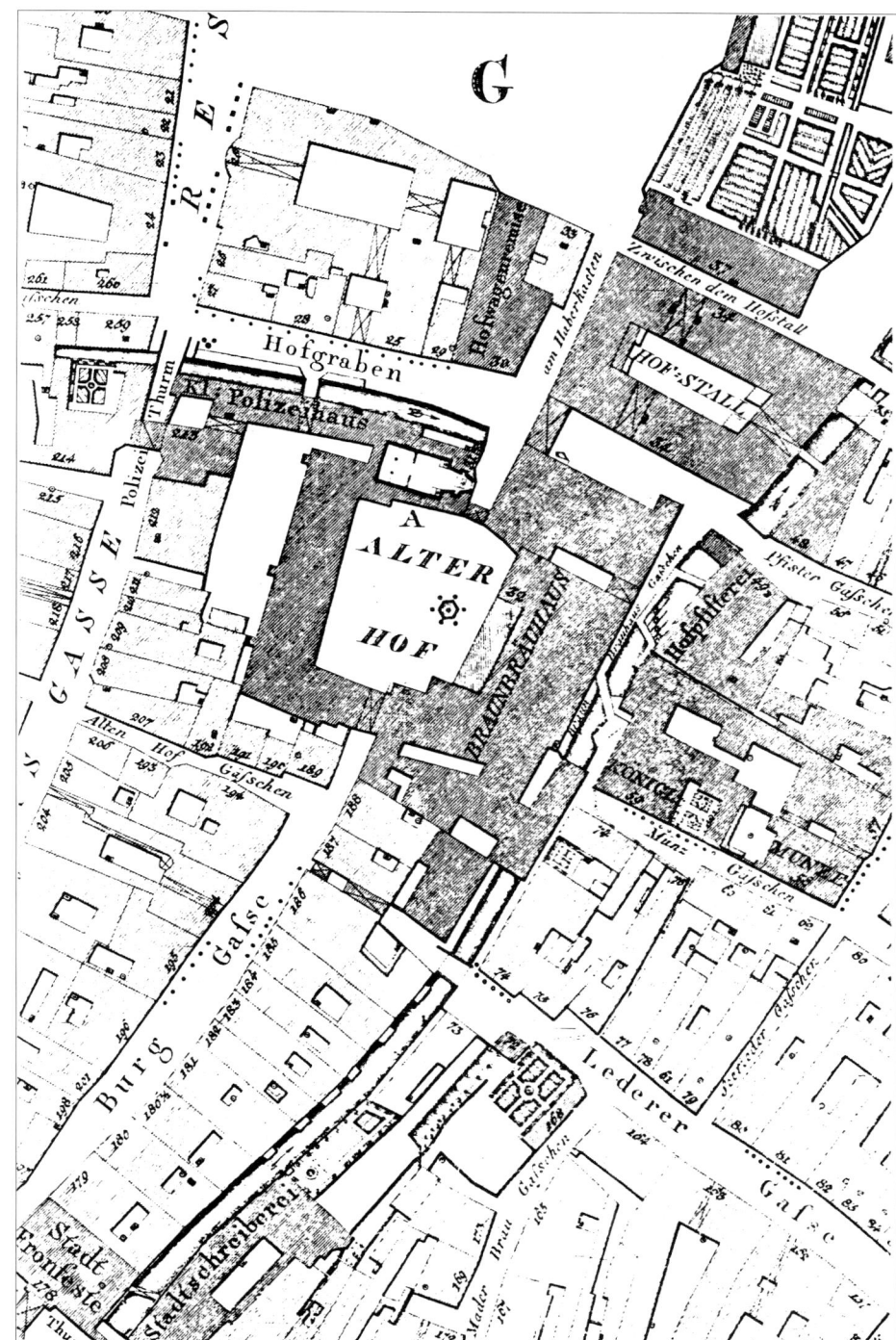

Abb. 54 »Plan der Haupt-
und Residenzstadt München
1806. Auf allerhöchsten Befehl herausgegeben von der
königlichen bayerischen Di-
rection des topographischen
Bureau«. Extraditionsplan
M 1:2500, Ergebnis der
bayerischen Uraufnahme.

10 Der Finanzhof im 19. und 20. Jahrhundert

10.1 Der Alte Hof zu Beginn des 19. Jahrhunderts

Der Alte Hof hatte – wie das auch für den Stadtgrundriß von München gilt – das Bild aus dem Sandtner-Modell bis zur Mitte des 19. Jahrhunderts schematisch erhalten. In den Aufriß wurde bereits vorher eingegriffen: der Torturm wurde, offenbar aus Gründen des vereinfachten Bauunterhalts der Gebäude, 1813 zur Hälfte abgetragen. Damit beginnt die 4. Bauphase des Alten Hofes, die ganz wesentlich von Abbrüchen gekennzeichnet ist. Für die Hofkapelle bestand keinerlei Bedarf mehr, sie mußte 1816 dem Neubau eines Rentamtsgebäudes weichen. Einige Ausstattungsstücke von kunsthistorischer Bedeutung kamen damals ins Bayerische Nationalmuseum. Eine Kopie des Stifterreliefs befindet sich im nach Kriegzerstörungen neu geschaffenen Durchgang zum Innenhof.

Das erste Viertel des 19. Jahrhunderts war von erheblichen Veränderungen im Gebäudebestand des Alten Hofs geprägt. Der Gesamteindruck der Anlage, bisher immer noch dominiert von den mittelalterlichen Bauteilen der frühen Wittelsbacher Residenz, wurde jetzt auch nach seiner äußeren Erscheinungsform ein Behördensitz. Die Nutzung wurde immer wieder durch neue Anforderungen verdichtet. Damit entstand aber auch wegen der Notwendigkeit einer ausreichenden Beheizung eine sich stets vergrößernde Feursgefahr für den Alten Hof. So zitiert Haeutle einen Bericht aus dem Jahr 1736:

> »(...) daß das Zechen der Männer (...) »in disem Uralt inwendig maistens Von Holtz aufgemachten gepäu, wodurch bey ohne dem so villen täglich zu haitzen kommenden Öfen die erschröckhliche Feuersgefahr von Tag zu Tag vergrössert u. also die Costbare Bibliothec samt dem Äusseren Archiv u. allen weitläuffig Grossen Registraturen der Augenscheinlichen Gefahr deß Verderbens und Untergangs exponiret seyend« strengstens verboten werden müßte.«[156]

Die 1813 einsetzenden Baumaßnahmen und Veränderungen beginnen zunächst wegen der Baufälligkeit des Dachstuhls mit der Kappung des Hofturmes bis auf die Höhe der Firste der benachbarten Gebäude. Dabei werden auch die nutzbaren Räume in der Weise verändert, daß die ganze Raumfolge als einheitlich erschlossener und nutzbarer Komplex erscheint.

Seit 1772 war die Polizei-Direktion im La Rosée-Haus und dem ehemaligen Turm der Stadtbefestigung untergebracht. Dieses Anwesen ging 1796 in staatlichen Besitz über. 1810 wird festgelegt, daß die Polizei-Direktion ins Tal verlegt werden soll. Dieser Umzug ist 1811 abgeschlossen. Für 1809 sind Überlegungen überliefert, der Central-Staats-Kassa die leerstehende Lorenzkirche zu überlassen, dieser Gedanke wurde allerdings nicht umgesetzt. Stattdessen wird 1816 der Abbruch der Hofkirche einschließlich der damit zusammenhängenden Nebengebäude durchgeführt, um den ins Auge gefaßten Neubau errichten zu können.

Das Finanzgebäude am Hofgraben, ein Büroneubau entlang des Hofgrabens, ist der zweite erhebliche Eingriff in den historischen Charakter der Bausubstanz des Alten Hofs. Die Errichtung des Finanzamtsgebäudes war 1819 abgeshlossen. Die Inbetriebnahme des Hauses zog eine Umsiedlung der staatlichen Behörden im Alten Hof nach sich. Die Anzahl der Behörden wurde zwar im Laufe der Zeit immer geringer, da diese aber an Umfang zunahmen, kam es im Gebäude immer wieder zu Raumwünschen und gelegentlich auch zu streitbaren Auseinandersetzungen.

10.2 Lorenzistock

Ab 1800 finden sich in den Archivalien Bemerkungen und Klagen über die Raumnot der Ämter in den Gebäuden des Alten Hofs; man erhoffte sich ab dem Zeitpunkt Besserung, an dem der König ein Gebäude für die Generaldirektion der Zölle ankaufe – wie in einer Notiz von 1807 zu lesen ist[157]. Tatsächlich galt der Kurfürst Max IV. Joseph – und ab 1806 König Max I. – als energischer Reformer auf dem Weg zu einem modern verwalteten Staat. Für die dabei erforderlichen Neubauten bevorzugte er eine klassizistisch geprägte Formensprache, wie schon die Umgestaltung der Fassade des dem Alten Hof benachbarten Münzgebäudes 1809 von Hofbauintendant A. von Gärtner und F. Thurn[158] zeigt. So blieben auch Hinweise auf die kunstgeschichtliche Bedeutung der seit der Säkularisation 1803 geschlossenen gotischen St. Lorenz-Kirche erfolglos, als sie 1816 abgerissen werden sollte.

Entlang des Hofgrabenbaches stand das sog. »Polizeihaus«, das aus wenigen Teilgrundrissen und der Uraufnahme von 1806 sowie einigen Ansichten bekannt ist, und dessen bachseitige Mauer um 1810 so baufällig gewesen zu sein scheint, daß die Polizeidirektion auszog. Das Polizeihaus war an der Dienerstraße mit dem La Rosée-Haus baulich verbunden, dieses stand seinerseits in Verbindung mit dem vorderen Schwabinger Tor, das nach den jeweiligen Besitzern benannt wurde und Teil des ersten Mauer-

Abb. 55   Blick nach Süden in die Residenzstraße, Stich von Johann Stridbeck, datiert 1660. Links im Bild das spätere La Rosée- oder Polizeihaus, bei Stridbeck bezeichnet als »Muggenthaler Thurm sampt dem Schönen Anbau der Gräffin Lasiel Deringen gehörig«. Ladislaus Graf und Herr von und zu Törring (= »Lasiel Deringen«) hatte dieses Palais erst 1694 von den Muggenthalern gekauft, seit 1696 war es in Besitz der Gräfin von Törring, was bedeuten mag, daß Stridbeck den Stich erst gegen 1700 angefertigt hat.

Abb. 56   Die gleiche Situation wie in Abb. 32 in einem Gemälde von Michael Neher. Zwischen 1819 und 1842. Am linken Rand ist bereits das Gebäude der Generaldirektion der Zölle zu sehen, allerdings noch mit nur drei Fensterachsen zur Dienerstraße.

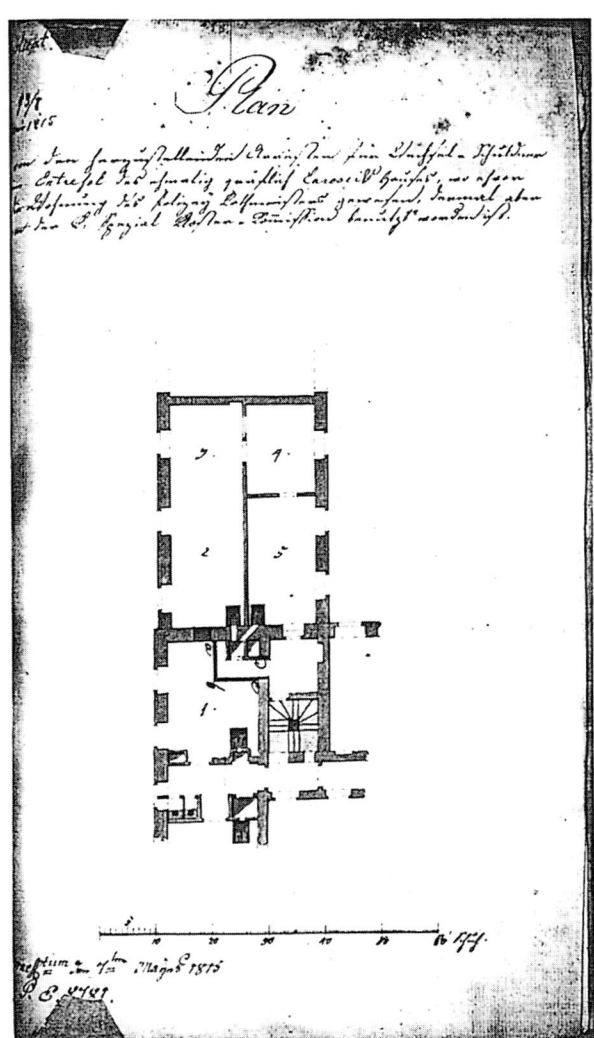

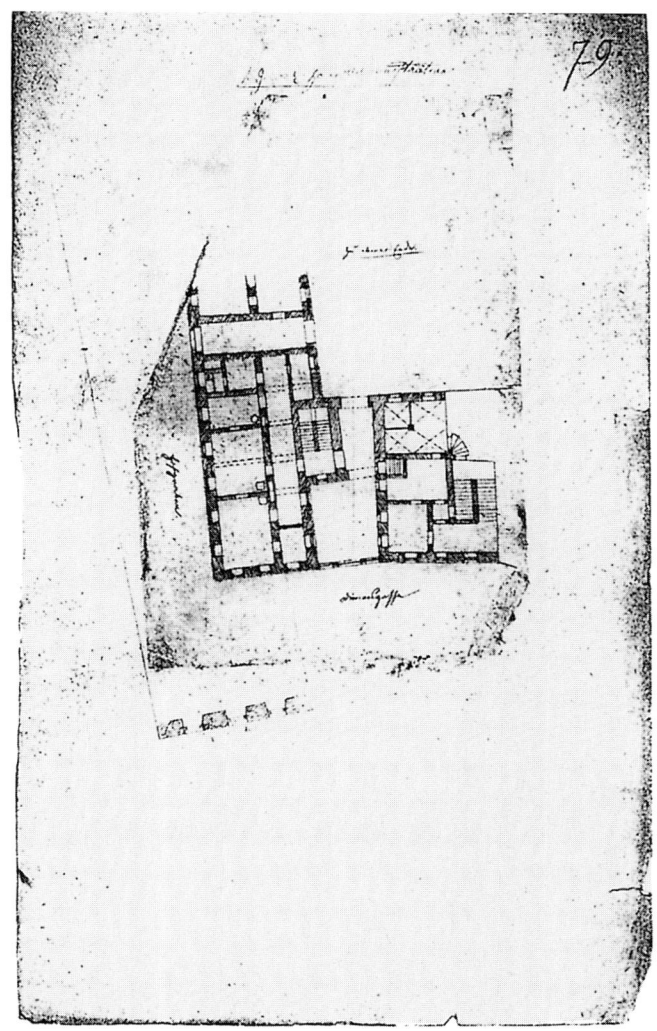

Abb. 57 (links)   Teilgrundriß des Polizeigebäudes im ehemaligen La Rosée-Haus kurz vor dessen Abbruch. An der linken Flanke verläuft der Hofgraben. Die obere Hälfte stellt den östlichen Anbau an den Mittelrisalit (vgl. Abb. 24 und 32) dar (Planverzeichnis Nr. 11.2).

Abb. 58 (rechts)   Westlicher Teil des Gebäudes der Generaldirektion der Zölle, Erdgeschoßgrundriß (Planverzeichnis Nr. 11.5). Auf der rechten Hälfte neben dem Hof ist der noch bestehende Rest des La Rosée-Gebäudes zu sehen.

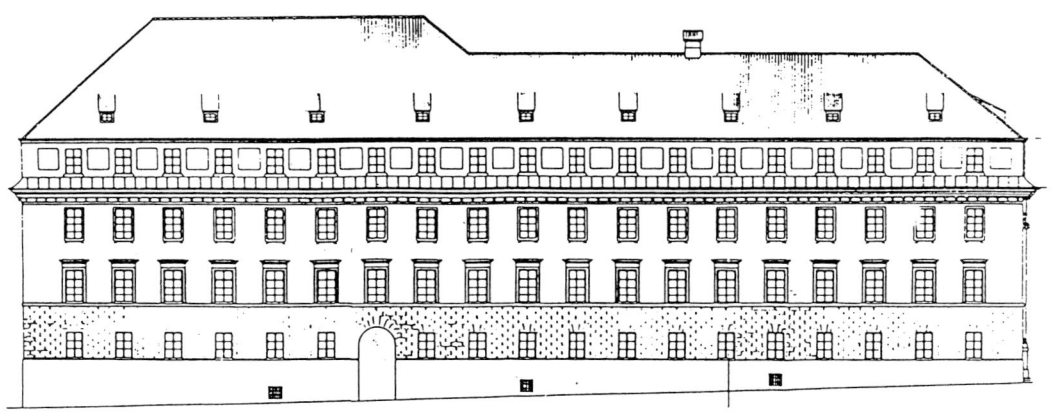

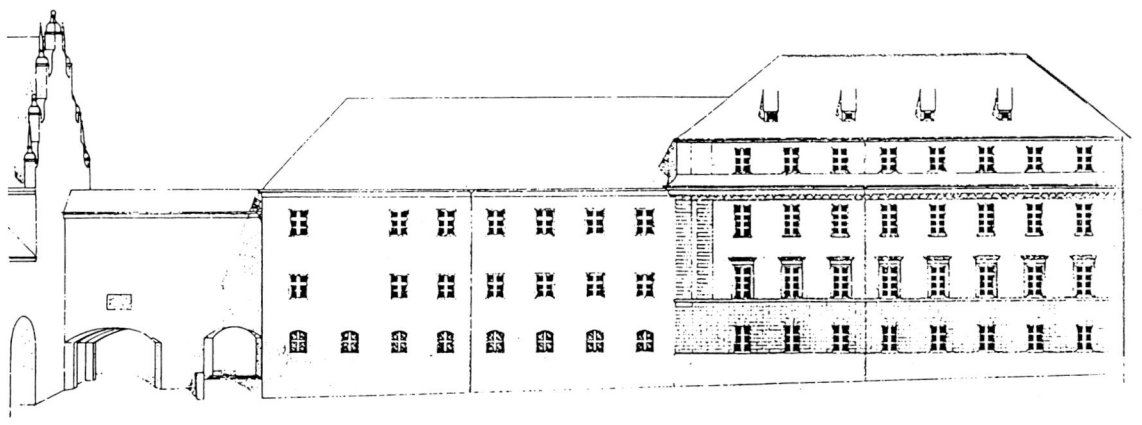

Abb. 59 Gegenüberstellung der Ansichten der Generaldirektion der Zölle zum Hofgraben: oben nach der Aufstockung von 1912 durch das Landbauamt, darunter in der Wiederaufbauplanung des Reichsbauamts 1946, unten in der realisierten Form 1950/51. Der ursprüngliche Baukörper wurde in der Wiederaufbauplanung in scheinbar zwei unabhängige, etwa gleich breite Bauten geteilt, die heutige Fassade suggeriert analog zwei Baukörper, die außerdem im äußeren Erscheinungsbild zum Nachteil der klassizistischen Fassung angeglichen werden.

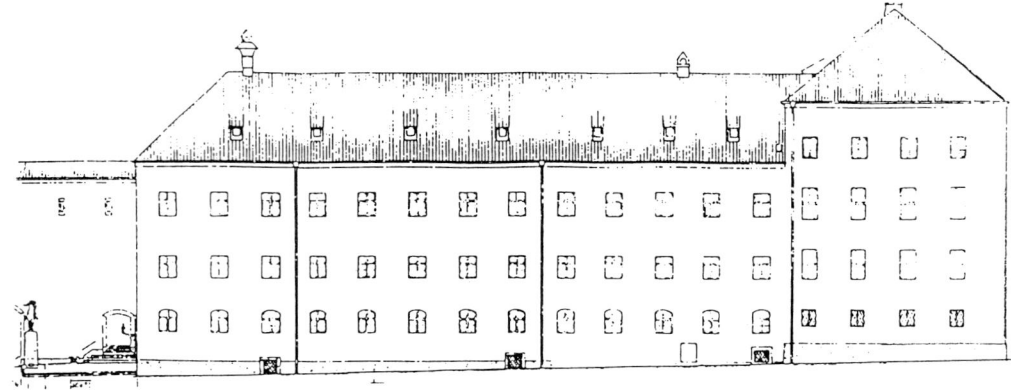

Abb. 60 Grundriß des Kellergeschosses von Pfisterstock, Brunnenstock, und östlichem Burgstock, 1829, anläßlich des Neubaus für die Steuerkataster-Kommission angefertigt: die bestehenden und weiterzuverwendenden Teile sind schwarz, die abzubrechenden grau, und die neu aufzuführenden rot angelegt (vgl. Abbildung im Anhang, Planverzeichnis Nr. 13.2). Die Zusammenführung ehemals autonomer Wölbungsschemata ist deutlich zu erkennen.

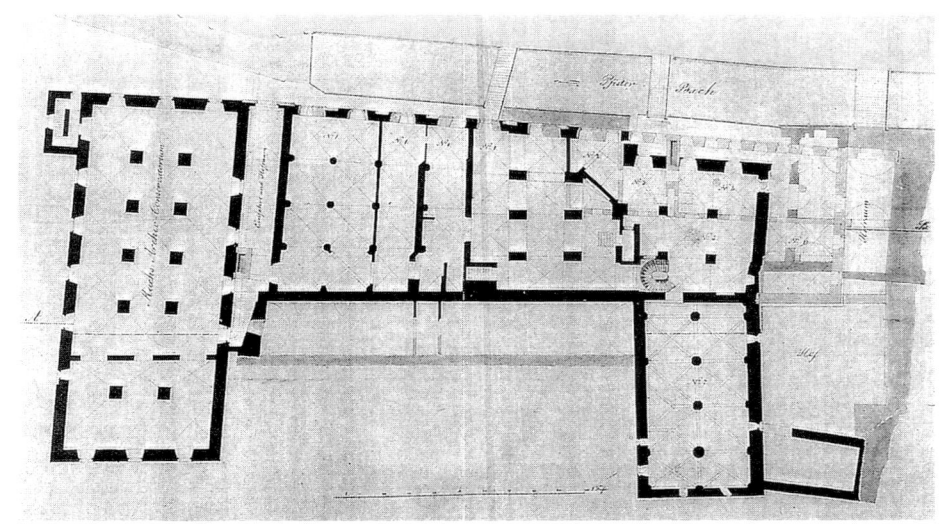

Abb. 61 Grundriß des Alten Hofes im Zustand vor 1816 aus dem »Bautechnischen Führer«. Dieser älteste Gesamtgrundriß von Eduard Ade hat leider keine einheitliche und bestimmbare Schnittebene, und berücksichtigt die Verzerrungen im Grundriß nur ungenügend, wie auch die Gewölbestrukturen; z. B. ist sogar die Anzahl der Stützen im Keller unter dem Rittersaal falsch dargestellt.

91

rings war. 1796 hatte der Kurfürst Karl Theodor das La Rosée-Haus von der Familie La Rosée gekauft[159]. An der Ostseite grenzte das Polizeihaus an den halbrund abschließenden, westlichen Anbau der St. Lorenz-Kirche, wie er aus dem Sandtner-Modell bekannt ist. Eine bekannte Ansicht dieser Situation ist in einem Sepia-Aquarell von Lebschée[160] wiedergegeben, das die St. Lorenz-Kirche zeigt, das aber erst 1870 nach einer Zeichnung von Domenico Quaglio angefertigt wurde und im betreffenden Ausschnitt, der in Lebschées Vorlage fehlt, vom Künstler ergänzt wurde. Lebschées »Rekonstruktion« deckt sich aber mit den Darstellungen Stimmelmayrs, die um 1800 entstanden sind: danach bestand das Polizeihaus aus einer zusammengebauten Gruppe von zwei Häusern mit verschiedener Anzahl von Geschossen. Zwischen dem La Rosée- und dem Polizeihaus öffnete sich ein kleiner Hof zur Dienerstraße, an den sich eine Durchfahrt in den heutigen Zwingerhof anschloß. Auf der bachangrenzenden Nordseite wurde das Polizeihaus über eine Brücke und eine weitere Duchfahrt in den Zwingerhof erschlossen. Ein Stich von Johann Stridbeck, datiert 1660, gibt den Blick von Norden auf die Ecke Dienerstraße / Hofgraben: das spätere Polizeihaus zeigt sich hier noch als Palais des späten 17. Jahrhunderts[161].

Wahrscheinlich führten die Baufälligkeit des Polizeihauses und der Umstand, daß die St. Lorenz-Kirche seit 1806 geschlossen und ungenutzt war, zu dem Entschluß, anstelle dieser beiden Gebäude ein Haus für die »Generaldirektion der Zölle und indirekten Steuern« zu planen. 1816 wurden die Kirche abgerissen und die Mittel für den Neubau zur Verfügung gestellt. In den Jahren von 1816 bis zur Vollendung 1819 wurde der Neubau errichtet. Die Architekten waren der Landbaumeister Mathias Rösler und der Kreisbaurat und Landbau-Inspektor Michael von Riedl. Das dreistöckige Gebäude, dessen Fassade im Erdgeschoß ab der Fensterbrüstungshöhe eine Rustikagliederung erhielt, hatte zum Hofgraben 19 Fensterachsen, in der Nord-Süd-Achse jedoch verschiedene Gebäudetiefen: am größten war sie angrenzend zur nördlichen Durchfahrt zum Hof bis zum Anschluß an den Zwingerstock, von dort bis zum Verbindungsbau zum La Rosée-Haus wurde das Gebäude schmäler, und zur Dienerstraße besaß es lediglich noch drei Fensterachsen. Es ergaben sich so drei verschiedene Firsthöhen. Im Seitz-Modell[162] wird der ursprüngliche Zustand deutlich veranschaulicht.

Mit großer Wahrscheinlichkeit orientierte sich die Innenraumstruktur an den bestehenden Räumen des im Zweiten Weltkrieg zerstörten Pfisterstocks, an den durch eine zweigeschossige Überbauung der Burghofeinfahrt angeschlossen wurde: im Grundriß war der Pfisterstock in seiner Längsachse in drei nahezu exakt gleich breite Raumstreifen geteilt, wobei

Abb. 62 (links)
Der Alte Hof im
Seitz-Modell, 1846/68.

in den zwei Obergeschossen ein Verbindungsgang den gesamten mittleren Streifen einnahm und links und rechts Kanzleiräume angegliedert waren. Die Einfahrtsüberbauung führte den Gang in die Obergeschosse des Gebäudes der »Generaldirektion der Zölle«, wobei sich die Breite nicht veränderte. Zumindest in der östlichen Hälfte der Obergeschosse übernahm man die Raumstruktur des Pfisterstockes; bei der in westlicher Richtung sukzessiven Verschmälerung des Gebäudes bleibt nur noch ein Kanzleizimmerstreifen mit einem nahezu gleich breiten Gang. Zugunsten einer natürlichen Belichtung des Ganges sind im Bereich des Zwingerstockes südlich keine Büroräume mehr vorgelagert; diese »Unregelmäßigkeit« im Grundriß wird auch bei den Umbauten im Bereich der Dienerstraße nicht mehr behoben.

Entsprechend dem sich stetig ändernden Platzbedarf nutzte freilich nicht nur die Behörde der »Generaldirektion der Zölle« das so genannte Gebäu-

Abb. 63 (links) u. 64 (rechts) Der Alte Hof in Photographien: Burghof nach Südwest (links), nach Nordost (rechts), um 1900.

94

de, sondern auch eine Vielzahl anderer Abteilungen, zeitweise sogar ein Gymnasium[164]. Ebenso belegte die Generaldirektion der Zölle und indirekten Steuern auch andere Gebäudeflügel im Alten Hof.

1842 wurde der Polizei- oder La Rosée-Turm abgetragen, daher mußte die Fassade des La Rosée-Hauses zur Dienerstraße ergänzt werden. Schon zu diesem Zeitpunkt wurde eine Schließung des Hofes zur Dienerstraße durch eine regelmäßige Fortsetzung der Fassade in Erwägung gezogen.

Um 1895 wurde schließlich das La Rosée-Haus abgebrochen und mit einem Neubau auch der kleine Hof zur Dienerstraße geschlossen. Das westliche Treppenhaus wurde dabei vergrößert und die steile Treppe erhielt mehr Steigungen, die neue Ostfassade wurde dem bestehenden Generaldirektionsgebäude angepaßt, aber zusätzlich durch Halbsäulen und einen Dreiecksgiebel reich gegliedert. 1912/13 wurde das Gebäude um ein Geschoß aufgestockt, die Leitung hatte der Bauamtmann Schulze vom

Landbauamt München, der schon den Umbau der Rentämter 1902/03 betreute.

1943 wurde die südliche Hälfte des Traktes an der Dienerstraße zerstört, 1944 die nordöstliche Ecke des Gebäudes und der Dachstuhl schwer beschädigt[165]. Von der zweigeschossigen »Brücke« zum Pfisterstock blieb lediglich die südliche Außenwand stehen. Als erste Wiederaufbaumaßnahme im Alten Hof wurde 1950/51 die Generaldirektion der Zölle instandgesetzt. Der ab jetzt formal abgesetzte Gebäudeteil zur Dienerstraße, in einer Tiefe von vier Fensterachsen auf der Seite zum Hofgraben, erhielt dabei die neue Bezeichnung »Esterer-Bau«[166], was als Würdigung des Engagements Rudolf Esterers bei der Wiederaufbauplanung verstanden werden muß und nicht gleichbedeutend ist mit seiner Urheberschaft der realisierten Planung. Im wesentlichen wurden die Fassaden von alten Gliederungen »befreit«, also purifiziert, die Fensterformate verändert und das 1912/13 hinzugefügte Stockwerk beim Gebäudeflügel entlang des Hofgrabens wurde zurückgebaut. Die Dachstühle wurden neu aufgeführt, dabei zog man das Dach zum Burghof sogar bis auf Höhe des ersten Obergeschosses herunter. Der Verbindungsbau zum Pfisterstock entstand südlich versetzt, die ehemals südliche Außenwand wurde wahrscheinlich als neue nördliche Außenwand wiederverwendet. Man verzichtete auf die Reparatur der bis zum Kellergeschoß hinunter zerstörten nordöstlichen Ecke, stattdessen wurde dort ein Durchbruch als Fußgängerdurchgang angelegt und als abschließende Maßnahme 1960 ein Reiterstandbild Kaiser Ludwig des Bayern von dem Bildhauer Hans Wimmer[167] aufgestellt. In der äußeren Erscheinung wurde aus einem ausgedehnten Bau des frühen 19. Jahrhunderts – einer Epoche, die in den 50er Jahren auf Ablehnung stieß – zwei scheinbar unabhängige Bauten, deren neue Fassaden sich an das mittelalterliche Ensemble anpassen sollten. Nicht nur in München, sondern in den meisten deutschen Städten lassen sich unzählige analoge Beispiele für diese Haltung der 50er Jahre finden.

10.3 Pfisterstock

Der ehemalige Saalbau des Pfisterstocks, von dem wir nur aus schriftlichen Überlieferungen[168] Kenntnis haben[169], muß noch vor 1800 – wahrscheinlich im Anschluß an die Verlagerung der Bibliothek[170] – zu einem Verwaltungsbau mit Büroräumen umgebaut worden sein, was aus verschiedenen Plänen hervorgeht. Die Grundrisse lassen vermuten, daß im 2. und 3. Obergeschoß Trennwände gemäß des Stützenrasters des Keller- und Erdgeschoßgewölbes eingebaut wurden[171], wodurch sich längs der Gebäude-

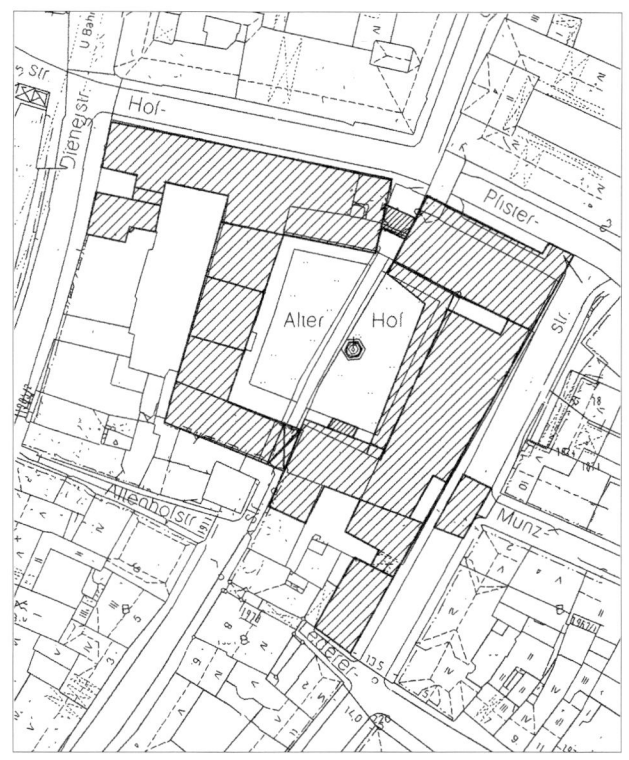

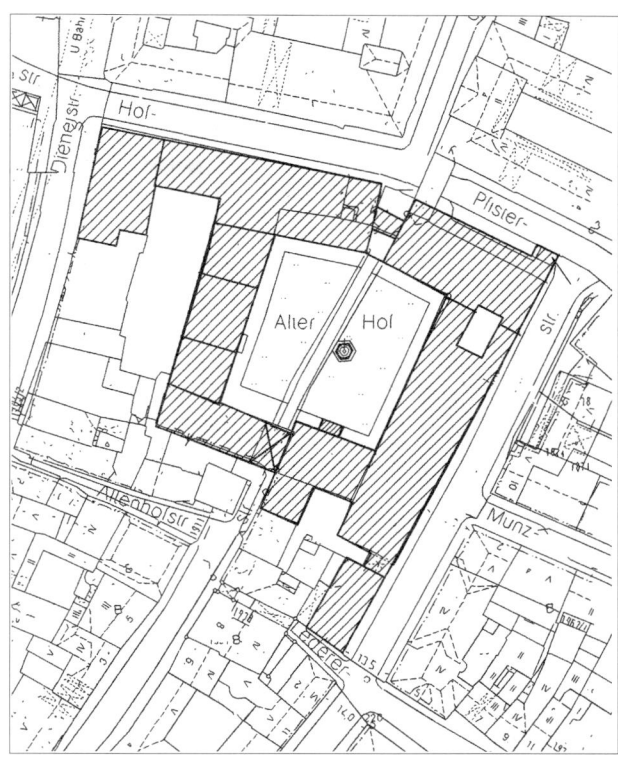

Abb. 65 (links)
8. Bauphase (M=1:2000).
Nach Abbruch der St. Lorenz-
Kirche und des Palais La
Rosée wird 1816/19 sukzessive
das Gebäude für die »Generaldirektion der Zölle« errichtet und ab 1831 auf dem
Untergeschoß des Bräuhauses
der Neubau für die »Steuerkataster-Kommission«.
9. Bauphase (rechts)
(M=1:2000).
Ende des 19. Jahrhunderts
wird das La Rosée-Haus
durch einen Neubau ersetzt.
Pfisterstock und Brunnen-
stock entlang der heutigen
Sparkassenstraße werden
durchgreifend umgebaut
und die Fassaden im Sinne
der Neurenaissance gestaltet.

achse ein Gang ergab, an den beidseitig Kanzleiräume angeschlossen waren. Diese Struktur wurde für die ab 1816 erbaute Generaldirektion der Zölle übernommen, wie im vorhergehenden Abschnitt beschrieben, und ist dort in Teilen noch nachvollziehbar.

Beim Bau des Steuerkataster-Gebäudes wurde die Fassade zum Burghof dem Neubau in Gesimsen, Rustizierung und Fensterformaten angeglichen, wie eine historische Photographie belegt.

Beim Umbau der Rentämter 1902 hielt man den Bestand des Pfisterstocks in mehreren Plänen fest. Die Fassaden wurden neuerlich umgestaltet; inspiriert von den ursprünglichen Ziergiebeln des Pfisterstocks, die nun auch an der Südseite des Brunnenstocks wiederholt wurden, erhielten Pfister- und Brunnenstock einheitlich den Stil deutscher Renaissance.

Durch Kriegseinwirkungen wurde der Bau auf der gesamten Breite des Anschlusses zum Brunnenstock schwer beschädigt, der westliche Teil mitsamt einer Giebelwand blieb zunächst erhalten[172]. Von Abbruch und Neubau ab 1957 konnten bisher keine Planunterlagen gefunden werden – die Maßnahmen sind lediglich durch wenige private Photographien und Presseberichte dokumentiert. Das neue Gebäude mit fünf Geschossen zum Burghof wurde annähernd auf den alten Gebäudeaußenkanten folgend errichtet, lediglich an der Pfisterstraße wurde die Baulinie zurückgenommen, der Anschluß an die Brücke zur Münze zeigt die vormalige Gebäudetiefe. Für die Fassade zum Burghof wurden Ziegelsteine aus dem Abbruchmaterial verwendet, fehlende Steine im gleichen Format hergestellt[173]; die Fassade ist geschlämmt. Abgesehen von einer zentralen Treppenhalle wurde das Strukturprinzip des Vorgängerbaus übernommen, an einen mittigen Gang beidseitig Büroräume anzugliedern. Die Verbindungsbrücke zum Lorenzistock wurde versetzt neu errichtet, so daß die ehemals südliche Außenwand jetzt die nördliche ist.

Wie schon erwähnt, scheint in der westlichen Seite ein Vorgängerbau mit dem Anschluß der Brücke zum Münzgebäude verbaut worden zu sein. Dieser Brückenansschluß blieb auch beim Neubau 1957 erhalten, sodaß in der westlichen Aussenwand heute noch mittelalterliche Bausubstanz zu vermuten ist.

Abb. 66 Zeichnungen des Alten Hofes von Gustav Schneider vor den Kriegszerstörungen der 1940er Jahre (Häuserbuch der Stadt München). Dargestellt ist der Bauzustand, den Schneider aus den Akten der Baubehörden, bzw. photagraphischen Aufnahmen des Hochbauamtes rekonstruiert hat.

10.4 Brunnenstock

Zu Beginn des 19. Jahrhunderts stand der Bräuamtstrakt fast ganz leer. Es wurden damals Überlegungen zur Weiternutzung des Gebäudes angestellt, so auch die Frage, ihn in Büros zu verwandeln. Der leerstehende Speicher wurde spätestens seit 1810 zur Malz-Aufschüttung genutzt. 1827 bezeichnete man den baulichen Zustand des Traktes als sehr schlecht, da sich die Mauern zum Pfisterbach nach außen zu biegen begannen. Daraufhin gab man die Nutzung des Speichers als Lagerboden wieder auf, der Fortbestand des Gebäudes wurde vollständig infrage gestellt.

Um 1828 erwog man, für die 1826 von Landshut nach München verbrachten 17 258 lithographischen Steinplatten des bayerischen Grund- und Häusersteuerkatasters sowie deren Fortschreibung geeignete Lager und Zeichensäle im Alten Hof zu schaffen. Die Räume des »Steuerkataster-Büros« waren zu dem Zeitpunkt noch auf fünf Gebäude in der Stadt verteilt, so war etwa das Steinlager im Kellergeschoß des östlichen Burgstocks vom Alten Hof. Nachdem die Untersuchungen zur Umnutzung des östlichen Gebäudetraktes des Alten Hofes, der bis dato das »kurfürstliche Bräuamt« beherbergte, wegen unzureichender Raumentwicklung fallengelassen wurde – es war im Oktober 1828 zunächst nur vorgesehen, eine Wohnung in vier Zeichensäle umzunutzen –, wurden im März 1830 Überlegungen zu Abbruch und Neubau angestellt. Dazu hatte Ingenieur Weidner, Bauinspection München II, Pläne und Kostenvoranschläge angefertigt, die auch verhandelt wurden.[174]

Die Überlegung war, im Anschluß an das heute noch bestehende Zerwirkgewölbe auf dem Gelände bis zum Bräuhausstock, gegebenenfalls auch unter Verwendung der Fundamante bzw. Kellergewölbe des Vorläuferbaus, einen dreistöckigen Neubau für die Steuerkataster-Kommission zu errichten. Die Raumaufteilung sah für die untere Ebene die Druckerei und Steinschleiferei vor und in den beiden oberen Geschossen Räume für kopierendes, lithographierendes und revidierendes Personal. Den Auftrag für den Entwurf des Gebäudes erhielt der Architekt Georg Friedrich Ziebland[175], ein Protegé König Ludwigs, für den dies der erste Staatsbau in München war.

Die Vorbereitungen für die Errichtung eines Neubaus anstelle des Bräuhaustraktes begannen mit der Verlegung der Behörden, besonders der Registratur und der Bibliothek.

Der abzubrechende Bauteil stieß im Süden an die östliche Seite des Torturmes. Dieser wurde bei den Baumaßnahmen im Fundamentbereich so stark erschüttert, daß Abstützungmaßnahmen in Form von Entlastungsbögen vorgenommen werden mußten.[176] Das vorgesehene Baugelände war insofern ungewöhnlich, als der Niveauunterschied zwischen dem Burghof und dem Pfisterbach bereits eine Geschoßhöhe ausmacht und dadurch das Erdgeschoß – gesehen vom Alten Hof – auf der Seite zur Pfisterstraße das 1. OG darstellt.

Ziebland hat für das Gebäude die Kellergewölbe des Bräugebäudes weiterverwendet. Der König hatte ausdrücklich die Weisung gegeben: »Es ist hier nicht die Rede von Herstellung eines Monumental- oder Prachtgebäudes, sondern eines dem Zwecke entsprechenden einfachen, jedoch in einem reinen Style aufgeführten, wozu demnach auch der große Kostenaufwand nicht erforderlich ist.«[177]

Das hier entworfene Gebäude brachte alle nach Programm gewünschten Räume in dem Baukörper unter. Insoweit stand einer Realisierung des Projektes nichts entgegen. Nach seiner Fassadengestaltung war es ein reiner Zweckbau ohne jede »bauliche Merkwürdigkeit«[178], also ohne gestalterische Hervorhebung, als klarer Mauerwerksbau mit Lochfassade. Lediglich die Fenster wurden durch eine Rustikagliederung betont, die auf Gurtgesimsen aufgestellt war und in ihrem halbkreisförmigen Abschluß an die Bauten Gärtners erinnerte. In der Vertikalen wurde das Gebäude durch eine bemerkenswerte einläufige, halbkreisförmig gekrümmte Treppe mit geradem Podest erschlossen, für die man ein Vorbild in der Königin-Mutter-Treppe im Königsbau der Residenz sehen könnte, die ab 1826 von Klenze errichtet worden war.

Nach der Aufstellung der Taglöhne für die Handwerker ist der Bau in nur 17 Monaten in der Zeit vom April 1831 bis zum Oktober 1832[179] für 102 253 Gulden durchgeführt worden. Er blieb damit um ca. 13 000 Gulden preisgünstiger als veranschlagt.

1902/03 wurde der Brunnenstock tiefgreifend umgebaut, wobei der Pfisterstock und der östliche Burgstock miteinbezogen wurden. 1912 wurden der Umbau und die zugrundeliegenden Motive geschildert:

> »Nach dem Umbau des Nordflügels und dem Neubau des Ost- und Südflügels auf den alten Grundmauern diente das Gebäude den Zwecken der Rentämter München I und II und des Katasterbureaus. Durch die Verlegung des letzteren in einen Neubau konnte mit einem umfassenden Umbau dem durch die damalige Reorganisation der Rentämter veranlaßten Bedürfnis nach Schaffung geeigneter Räume Rechnung getragen werden. Dieser Umbau erfolgte 1902/1903 durch die Firma Heilmann & Littmann unter Leitung des Bauamtmannes Schulze vom Landbauamt München. Es waren vor allem Nord-, Ost- und Südbau in richtige Verbindung zu bringen durch Abgleichen der verschiedenen Stockwerkshöhen, Neuaufführen sämtlicher Innenmauern und Heben des Dachstuhles. Die beim Nordbau allein noch erhaltenen Formen der Renaissance wurden auch auf den Ostflügel übertra-

gen, während der Südbau mit der Gotik des anstoßenden ehemaligen Wohnungstraktes Kaiser Ludwig des Bayern in Übereinstimmung gebracht wurde. Die Fassaden sind verputzt, Sockel- und Hauptgesims betoniert, die Hauptportale in gestocktem Feinbeton ausgeführt, die Dächer mit Biberschwänzen gedeckt. Sämtliche Treppen bestehen aus Eichenholz. Das Gebäude hat Niederdruckdampfheizung und Gasbeleuchtung. Gesamtbaukosten M. 630 000, Kosten für den cbm M. 13.30.«[180]

Nach Kriegszerstörungen erhielt das Gebäude ein Notdach. Bei den Baumaßnahmen der 60er Jahre[181] wurde zunächst ein nördlicher Abschnitt für den Neubau der Kassenhalle abgebrochen. Diese verläßt den trapezförmigen Grundriß und soll, obwohl sie großflächig verglast ist, an mittelalterliche Wehrgänge erinnern, wie bei Sandtner an dieser Stelle zu sehen. Der mittlere und südliche Abschnitt sollte schwere Hollerithmaschinen[182] aufnehmen, die allerdings eine Belastbarkeit der Decken von 10 kN/qm erforderten. Von einem entsprechenden Umbau wurde nach Vergleich der Kosten abgesehen. Der nach Abbruch neu aufgeführte Stahlbetonskelettbau wurde zum Burghof der gegenüberliegenden mittelalterlichen Fassade – einschließlich der Aufzugsgauben – angeglichen, wohl auch, weil die zuvor entstandene Kassenhalle öffentlichen Protest hervorgerufen hatte.

10.5 Burg- und Zwingerstock

Wie schon besprochen, kam es Anfang des 19. Jahrhunderts zu den entscheidenden Eingriffen in die Bausubstanz der Vierflügelanlage, in der sich bis zu diesem Zeitpunkt das mittelalterliche Aussehen erhalten hatte. 1813 wurden der Torturm zur Hälfte abgetragen. Die Motive dafür dürften ähnlich denen sein, die zum Abbruch vieler Münchner Befestigungstürme im 19. Jahrhundert geführt haben: der Verlust ihrer Funktion führte zur Vernachlässigung des Bauunterhalts und dann zur Baufälligkeit. Auch sah man in den Türmen eine unnötige Provokation von brandauslösenden Blitzeinschlägen. Die nächste Störung folgte 1816 mit dem Abbruch der Hofkirche, im Zuge dessen auch der nördliche Abschluß des Zwingerstocks zerstört wurde. Mit dem Neubau der Steuerkatasterkommission 1829 wurde der östliche Burgstock mit Ausnahme des Kellergeschosses abgetragen. Man kann davon ausgehen, daß ständige Modernisierungen im Inneren der Gebäude, die nicht planlich festgehalten wurden, die historischen Strukturen sukzessive verwischt haben.
Die Entdeckung von Wandmalereien im Jahre 1850 durch Franz Xaver Farnbach[183] und ihre anschließende Restaurierung 1852 könnte schon auf einen ersten Wandel in der Einstellung zur überlieferten Bausubstanz hin-

Abb. 67   Der Alte Hof in einer Photographie, um 1940. Der südliche Torturm präsentiert sich in der gekappten Form. Hofseitig ist die 1937 angebrachte Malerei des legendären Steinewerfers zu sehen, für dessen Anbringung ein Wappenfeld – eine ehemalige Schießscharte – verschlossen werden mußte. Zwischen den Fenstern über der Durchfahrt ist in einem kleinen Bereich der Fassade die historische Bemalung mit Rauten freigelegt worden.

deuten. Dennoch bewertete man die kunsthistorische Bedeutung des Wandbildes für das Bauwerk als so gering, daß man es Ende des 19. Jahrhunderts entfernte. Es befindet sich heute im Bayerischen Nationalmuseum.

Nach dem Krieg kam es auch im Burg- und Zwingerstock 1964-66 zu umfangreichen Baumaßnahmen[184]. Der Anlaß war die Modernisierung für die Zwecke der Büronutzung durch das Finanzamt. Dafür kam es im Burgstock zu umfangreichen Baumaßnahmen und der Einbringung von Stahlträgern in den Decken, sowie einer Mauertrockenlegung im Bereich der Fundamente und einer partiellen Auswechslung der Außenwände an der südwestlichen Ecke. Neben dem Turm wurde durch die ehemalige Wachstube ein Durchgang gebrochen. Auch restauratorische Maßnahmen, wie die Entdeckung und Wiederherstellung alter Fassadenmalerei durch die Kunstmaler Kleemann und Braun, müssen aufgrund einer beinahe vollständig fehlenden Dokumentation der Befunde aus heutiger Sicht als zerstörerischer Eingriff in die historische Substanz gewertet werden. Der Torturm über der südlichen Durchfahrt wurde nach dem Vorbild des Sandtner-Modells wieder aufgebaut, jedoch mit modernem Material und vereinfachter Dachdeckung.

Im Zwingerstock wurden ähnliche Maßnahmen durchgeführt: eine Mauertrockenlegung im Bereich der Fundamente, die Auswechslung der Außenwand des »Risalits« zum Zwingerhof, der Einbau von Stahlträgern für verfaulte Deckenbalken, die Herstellung eines Durchgangs vom Zwingerhof zum Burghof, der Abbruch von Gewölben unter der Kantine und im Erdgeschoß, die Herstellung einer überwiegend niveaugleichen Bodenfläche im Kellergeschoß. Auch hier fiel historische Substanz den Umbaumaßnahmen zum Opfer, wie eine ganze Reihe historischer Putzoberflächen im Innern des Gebäudes, aber auch an der Fassade, wie zum Beispiel eine Sonnenuhr über dem 2. Obergeschoß des Risalits[185]. Die Funde wurden auch hier dem damaligen Stand denkmalpflegerischer Praxis entsprechend nicht ausreichend dokumentiert.

11 1945/46: Schadenskartierung und Überlegungen zum Wiederaufbau

Durch die Folgen des Krieges kam es auch im Alten Hof zu erheblichen Schäden. Bereits im März 1943 waren durch Brandbomben die Dachstühle des Lorenzistocks und des Brunnenstocks weitgehend vernichtet worden. Beim Brunnenstock war dabei auch die letzte Decke abgebrannt. Da beide Dachstühle offenbar nicht ausgebaut waren, hat sich der Schaden in Grenzen gehalten. Durch den Angriff am 17.12.1944 war der südliche Flügel des Traktes an der Dienerstraße schwer getroffen und weitgehend zerstört worden. Der schwerwiegendste Einbruch in die bestehende Bausubstanz jedoch waren zwei Volltreffer am 25. Februar 1945[186]: in der Nordostecke des Alten Hofes wurde der Pfisterstock weitgehend zerstört, und der Ostgiebel mit den ersten Raumachsen des Brunnenstockes stürzte bis zum Keller ein. Mit dem Pfisterstock als Saalbau ist ein damals noch weitgehend unbeachteter Renaissancebau und wichtiges achitekturhistorisches Zeugnis auch für die Baugeschichte der Stadt zugrunde gegangen, das den Alten Hof als Gesamtanlage in der nordöstlichen Randbebauung etwa über vierhundert Jahre ganz wesentlich geprägt hat und aus dieser Sicht in seiner Bedeutung der St. Lorenzkirche kaum nachsteht.

Erfreulicherweise blieben jedenfalls die mittelalterlichen Bauteile von Zerstörungen weitgehend verschont. Nicht einmal die bedeutenden historischen Dachwerke haben einen nennenswerten Schaden erleiden müssen. An den beiden großen Verwaltungsbauten aus dem 19. Jahrhundert, dem Lorenzistock entlang des Hofgrabens und dem Brunnenstock entlang der Sparkassenstraße, waren – von den genannten Ausnahmen abgesehen – nur nachrangige Schäden entstanden, die als reparierbar eingestuft wurden und mit deren Instandsetzung auch bald begonnen werden sollte.

Für den Gesamtbereich der Innenstadt wurde vom Stadtbauamt München 1946 eine Schadensaufnahme durchgeführt[187]. In dieser summarischen Kartierung ist der Grad der Zerstörung grob in fünf Klassen[188] eingeteilt und farblich entsprechend gekennzeichnet. Dabei fällt auf, daß die Kennzeichnung im Bereich des Alten Hofes für nur gering oder teilweise beschädigte Bauteile deutlich dominiert und dieser im Stadtgebiet damit zu den weniger betroffenen Bereichen gehört.

Gleich nach dem Ende des Krieges hat man sich schon im Januar 1946 bemüht, die nicht unerheblichen Schäden speziell für den Alten Hof auch in allen Einzelheiten festzustellen und zu kartieren. In dem Zusammen-

Abb. 68 Kriegs-
zerstörungen:
Senkrechtaufnah-
me vom 2. Juni
1964, der Alte Hof
ist in der Mitte des
Bildes.

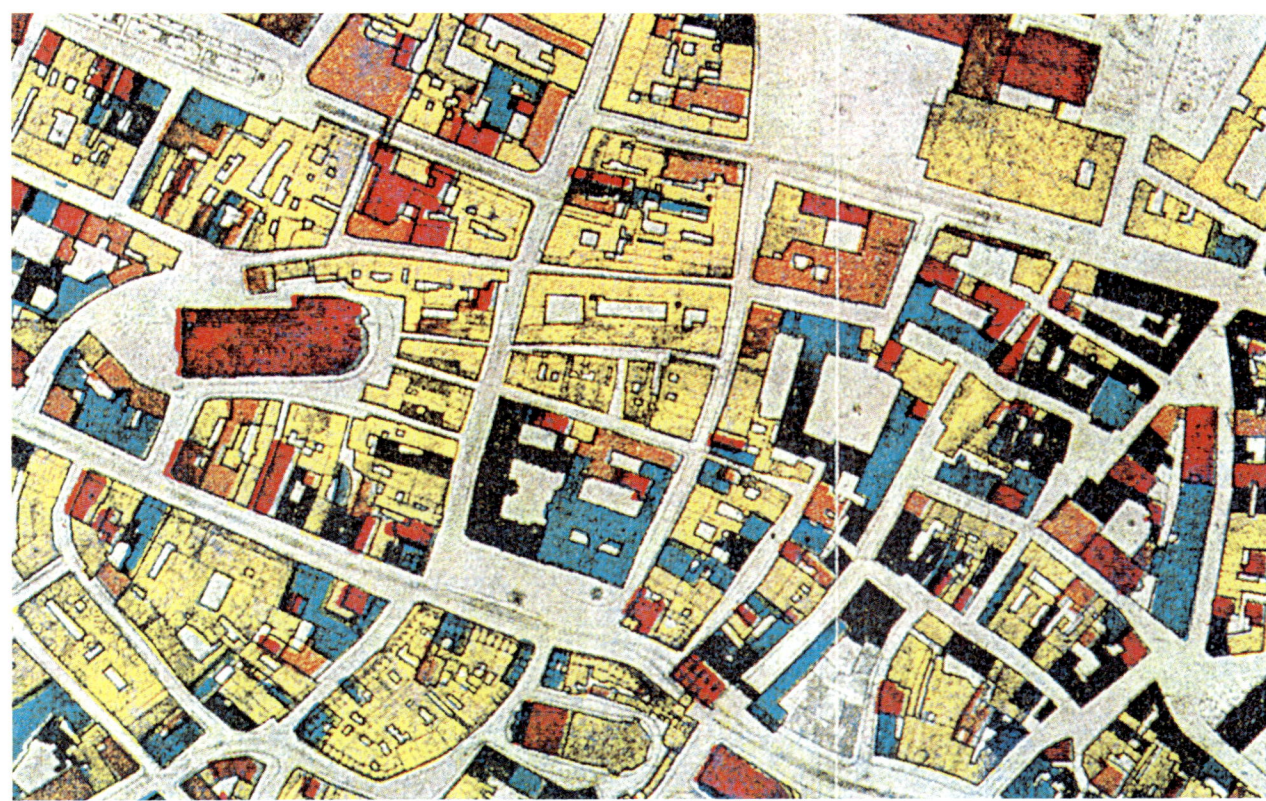

hang wurde ein Plansatz bestehend aus zehn[189] Plänen angefertigt, in dem geschoßweise die Beschädigungen oder Zerstörungen dargestellt sind. Dabei wurde bereits unterschieden nach reparaturfähigen Schäden und der Notwendigkeit, neue Bauteile zu errichten mit dem Ziel, den Alten Hof als einheitliches Ensemble im Zustand vor der Zerstörung wieder herzustellen und damit Geschichte nachvollziehbar zu machen. Die wesentlichen Erkenntnisse zu den Schäden und den Instandsetzungsabsichten aus diesen Plänen sind folgende Einzelheiten:

1 Der Anbau an den Lorenzistock an der Dienerstraße ist bis zum 1. Obergeschoß zerstört, die südliche Achse sogar bis zum Erdgeschoß. Hier ist ein Wiederaufbau im alten Umfang vorgesehen. Das Dachgeschoß bleibt nicht ausgebaut.

2 Der Lorenzistock hat am Hofgraben die beiden östlichen Achsen auf voller Höhe verloren, das Dachwerk ist vollständig zerstört. Hier ist vorgesehen, den alten Zustand wiederherzustellen einschießlich eines neuen, nicht ausgebauten Dachstuhls über dem 3. Obergeschoß. Der

107

Schnitt zeigt deutlich das Gesims über dem 2. OG. Daraus dürfte abzuleiten sein, daß die vorhandene Fassadengestaltung erhalten bzw. wiederhergestellt werden sollte.

3 Der Pfisterstock ist in seinem östlichen Bereich vollständig zerstört, im Westen sind drei Achsen erhalten geblieben. Sie werden aber als nicht instandsetzungsfähig eingestuft, sodaß die noch aufrecht stehenden Bauteile abgetragen werden müssen. Das für den Erhalt der Brücke zur Münze existenzwichtige Widerlager kann zwar erhalten werden, es muß aber in einen neuen Kontext eingebunden werden.

Grundsätzlich wird aus der sehr konservatorischen, rekonstruierenden und insgesamt zurückhaltenden Planung deutlich, daß das vornehmliche bis ausschließliche Interesse auf die Schaffung nutzbarer Räume bei gleichzeitiger Wahrung der Baukörperfiguration des Alten Hofes in seiner baulichen Erscheinung vor der Zerstörung, auch der vollständig vernichteten Teile, ausgerichtet ist. Die in dieser Planung vorgesehenen marginalen Änderungen gegenüber dem Vorzustand beziehen sich nur auf den Einbau von WCs und die Schaffung zusätzlicher Räume durch Einbau von Trennwänden bei unnötig breiten Korridorabschnitten. Damit wird deutlich, daß zu diesem Zeitpunkt eine Nutzungsänderung der Räumlichkeiten des Alten Hofes nicht beabsichtigt war.

Dieses Festhalten an den überlieferten Nutzungen und Formen ist bei Berücksichtigung der wirtschaftlichen Rahmenbedingungen in dieser Zeit insofern beachtlich, als diese Planung mehr ist als nur eine Sicherungsmaßnahme: 1946 war die Grundsatzfrage des Wiederaufbaus Münchens noch Gegenstand sehr heftiger und kontroverser Diskussionen und ein Bekenntnis zum historischen Bestand, wie er hier artikuliert wird, keineswegs selbstverständlich, auch wenn der Baubestand in besserem Zustand überkommen war. Dazu kam der Umstand, daß eine intakte Bauwirtschaft und die notwendigen Baustoffe faktisch nicht vorhanden waren.

Abb. 70 (links) Abbruch
des Pfisterstocks, März 1957.

Abb. 71 (rechts) Abbruch
des Pfisterstocks, März 1957.
Rechts im Bild ist der abge-
stürzte Münzbogen zu se-
hen.

12 Wiederaufbauplanungen

12.1 Gesamtkonzept und Planung 1945/46

Zunächst gab es grundsätzliche Erwägungen, den Alten Hof im Rahmen des Wiederaufbaus zu einem kulturellen Zentrum auszubauen. Erste Überlegungen waren formuliert, als man sich dann – vor dem eigentlichen Wiederaufbau ab etwa 1950 – entschloß, für diesen Zweck die kurfürstliche und spätere königliche Residenz, die ebenfalls erhebliche Schäden aufzuweisen hatte, vorzuziehen[190]. Sie wurde damals offenbar aus verschiedenen Gründen für geeigneter erachtet[191]. Ihre stadtbildprägende Lage, ihre relative Größe, ihr Bekanntheitsgrad sowie die historisch und kunsthistorisch deutlich überörtliche Bedeutung sprachen ebenso dafür wie die Tatsache, daß von der Ausstattung aus damaliger Sicht nennenswerte Teile ausgelagert und damit erhalten waren. Dagegen waren die in mittelalterlicher Struktur verbliebenen Räume von Burg- und Zwingerstock des Alten Hofes für eine öffentliche Nutzung nur schwer zu erschließen und die Bauten des 19. Jahrhunderts, vor allen Dingen der Lorenzi- und Brunnenstock, nach der zeitgenössischen Auffassung ohne größere architekturhistorische Bedeutung. Zudem war die Nutzung der Räume für die Zwecke der Finanzverwaltung bereits Tradition und mangels anderer Möglichkeiten auch nicht disponibel. Aus dieser Sicht mußte sogar zwangsläufig mit einer Instandsetzung des Alten Hofes zum überlieferten Zweck begonnen werden. Im Rahmen der weiteren Ausarbeitung der Wiederaufbauplanung wurde im September 1946 das erste Gesamtprojekt zum »Wiederaufbau des Finanzämterkomplexes am Alten Hof« aufgestellt, und zwar »im Benehmen mit Herrn Ministerialrat Esterer[192] und nach dessen Weisungen«[193]. Das der Planung zugrundeliegende Raumprogramm konnte nicht aufgefunden werden. Aus den Plänen[194] ist aber die beabsichtigte Nutzung und der Gestaltungswille abzulesen, der deutlich mit den Vorschlägen Meitingers[195] konform geht: um die Wahrzeichen der Stadt herum entstehen Bauten, die modernen Komfort mit mittelalterlichen Fassaden verbinden, auf einem Grundriß, der verkehrsgerecht ist und zur besseren Belichtung die mittelalterlichen engen Strukturen verläßt. Bei der Entwicklung eines Konzeptes war man bemüht, eine Lösung zu finden, die der verbliebenen historischen Bausubstanz und ihrer architekturgeschichtlichen Bedeutung gerecht wird, wenn auch im Vordergrund eine Nutzung stand, die einem Kultur-

Abb. 72 (oben)   Beim Durchbrechen der Wand zwischen dem nördlichen Zwingerstock und dem »Rittersaal«, der heutigen Kantine, war oben in der Öffnung zweischaliges Mauerwerk, das auf eine ehemalige Außenwand hinweist, zu sehen. Photographie von 1964.

Abb. 73 (rechts)   Nördlicher Zwingerstock, »Risalit«: die westliche Außenwand zum Zwingerhof wurde 1964 abgebrochen und neu aufgemauert. Deutlich zeigt sich eine Baufuge zum mittleren Zwingerstock rechts im Bild und die Mauerstärke der zweischaligen Mauer.

zentrum vergleichbar ist. Im Brunnenstock und Burgstock blieben Büroräume erhalten, lediglich im Lorenzistock schien es Büroräume einer nicht dazugehörigen Verwaltung – etwa mit »Registratur« bezeichnet – zu geben.

Anstelle des zerstörten Pfisterstocks sollte wieder ein Saalbau errichtet werden, wobei in den beiden Untergeschossen der überlieferte Stützenraster, jedoch ohne Trennwände, wiederhergestellt wurde, darüber war aber ein Saal mit östlicher Empore von ca. 660 qm Grundfläche bei ca. 8 m Raumhöhe. Die dazugehörigen Nebenräume und eine repräsentative Treppenanlage waren im südlich anschließenden Baukörper vorgesehen. Weitere kleinere, eingeschossige Säle sollte es im Brunnen-, Burg- und Zwingerstock geben: dazu sollten alte Trennwände herausgenommen werden, wie sogar auch im Dachgeschoß des Zwingerstocks. Im gesamten 2.OG des Zwingerstocks sollte es nur mehr drei Säle mit lediglich je einer Mittelstütze geben. Es wurden aber historische Details berücksichtigt und geschont, so z.B. die gewölbten Räume im KG, EG und 1.OG des Zwingerstocks; das scheinbar ausgebaute Dach des Zwingerstock erhält zur Belichtung nur kleinformatige, unregelmäßig gesetzte Schleppgaupen. Der Flacherker an der südlichen Burgstockseite soll auf den vorhandenen Konsolen wieder errichtet werden.

Die später auch so ausgeführte Situation um die nördliche Hofeinfahrt mit allen ihren baulichen Veränderungen ist in der Planung schon vorhanden. Durch das tiefer zum Burghof hin abgeschleppte Dach des Lorenzistocks muß neben dem existierenden Treppenhaus ein zweites angelegt werden, wie generell die Erschließung auf einen starken Publikumsverkehr vorbereitet werden muß durch Vergrößerung vorhandener Treppenanlagen.

Die Fassaden sind nach dem Prinzip entwickelt, im Anschluß an die vorhandenen spätmittelalterlichen Formen an Burg- und Zwingerstock die weiteren Teile anzugleichen, wobei ausschließlich die Lochfassade ausgeführt werden soll. Eine Ausnahme stellt der Bauteil an der Ecke Dienersttraße dar: hier, in der Ausdehnung von acht Achsen am Hofgraben, soll die traditionalistische Gestaltung mit Gesimsen, Bossen, Lisenen und Faschen beibehalten werden. Er behält in diesem Entwurfsstadium auch seine Höhenentwicklung mit vier Vollgeschossen. Lediglich die folgenden weiteren acht Achsen werden in der Höhenentwicklung reduziert auf drei Geschosse, und die Fassadengestaltung wird purifiziert, d. h. die Gliederung wird entfernt. Die zerstörten restlichen zwei Achsen werden nicht wieder aufgebaut zugunsten einer Verbreiterung des Zugangs zum Alten Hof durch einen eigenen Durchbruch für Fußgänger. Die Brücke zum ehemaligen Pfisterstock sollte wiederhergestellt werden, wenn auch in anderer Lage. Das bedeutet, der Baukörper Lorenzistock wäre optisch an der Kante, wo er mit dem Zwingerstock zusammentrifft, in zwei scheinbar unabhängige Bauten geteilt worden. Damit wäre die mittelalterliche Vierflügelanlage des Alten Hofes wiederhergestellt worden, die sich deutlich gegen ihre unmittelbar angrenzende Umgebung absetzte.

Für den Neubau anstelle des Pfisterstocks wurde eine traditionelle Gestaltung mit Ecklisenen, Rustikasockel und Fensterfaschen entwickelt, wie sie in der Nachfolge von Theodor Fischer beliebt war. Die Öffnungen blieben im Verhältnis zur gesamten Wandfläche zurückhaltend, an der Westseite war ein gestalteter Giebel vorgesehen, an der Ostseite ein Schopfwalm. Dieser Ostgiebel war in der Sparkassenstraße der einzige mit Gliederungselementen gestaltete Bauteil, die weitere Fassadenabwicklung ist vereinfacht bzw. bleibt – wie es für die Treppenhalle gilt – ein einfacher Putzbau,

Abb. 74 (links) Nördlicher Zwingerstock, »Risalit«: bei den Baumaßnahmen 1964 aufgefundenes, vermauertes Fenster in der südlichen Kommunwand zum mittleren Zwingerstock. Form und Bemalung entsprechen dem Fenster über dem Eingang zum Burgstock (vgl. Abb. 17) und den wiederhergestellten Fenstern auf der Ostseite des Risalits.

Abb. 75 (rechts) Nordwand des nordöstlichen Jochs des Kellers unter dem »Rittersaal«, der heutigen Kantine im Zwingerstock: rechts über einer wieder geschlossenen Türöffnung zeigte sich ein vermauertes kleines Fenster, aufgefunden nach Abschlagen des Putzes während der Baumaßnahmen 1964.

der allerdings durch seine längsrechteckigen Fenster mit darüber liegenden Rundfenstern den Eindruck eines Sakralbaus erweckte. Dahinter mag die Überlegung gestanden haben, daß sich ein Saalbau hinter der Fassade eines Ersatzes für die verlorene St. Lorenz-Kirche am besten einfügt. Die Ostseite des Brunnenstocks wurde von allen überlieferten Gliederungselementen, vor allem dem Pendant zum Renaissancegiebel des Pfisterstocks aus dem Umbau 1902/03, »befreit«, zugunsten einer Anpassung an die mittelalterlichen Bauteile. Auf der Burghofseite sollte das gleiche geschehen, die zahlreichen, für eine »mittelalterliche« Erscheinung zu regelmäßig angeordneten Fenster wurden zum Teil vermauert.

Der verlorene Turm wurde in der Planung rekonstruiert, allerdings ohne die vier Ecktürmchen, also in einer etwas vereinfachten Form. Im Innern diente er als großzügiges Treppenhaus.

Als interessantes Detail findet sich in der Planung ein Ausschnitt der 1966 wiederhergestellten rautenförmigen Fassadenmalerei über der nördlichen Burghofeinfahrt.

12.2 Einzelmaßnahmen nach 1950

Die Maßnahmen zum Wiederaufbau stellten sich – rückblickend aus dem Jahr 1952 – wie im folgenden dar: es waren fünf Bauabschnitte vorgesehen, die auch weitgehend in dieser Aufteilung durchgeführt wurden, wenn auch in einer anderen Reihenfolge und über einen größeren Zeitabschnitt verteilt. Die Bauabschnitte waren folgende:

113

1. Gebäude an der Dienerstraße und am Hofgraben (bereits 1950/51 abgeschlossen);
2. Wiederaufbau des Pfisterstockes und umfassende Instandsetzung des Brunnenstockes;
3. Instandsetzung des Burgstockes (an der Burgstraße);
4. Instandsetzung des Zwingerstockes (zwischen Zwingerhof und Burghof);
5. Restarbeiten am Lorenzistock.

Im Rahmen der Weiterbearbeitung dieses Grundkonzeptes wurde zunächst der westliche Lorenzistock wiederaufgebaut. Dabei wurde der viergeschossige Baukörper gegenüber dem Entwurf noch einmal auf nur noch vier Achsen am Hofgraben reduziert. Auch die Fassadengestaltung erfuhr eine Überarbeitung in der Form, daß auf die Rekonstruktion der ursprünglichen Fassade und der gründerzeitlichen Gliederung des Umbaus an der Dienerstraße verzichtet und die erhaltenen Fassaden purifiziert wurden. Diese Maßnahme wurde damals ausdrücklich als geglückt angesehen. Diese Methode der Purifizierung sollte jetzt auch bei den anderen Fassaden, deren Baukörper zwar erhalten, aber instandsetzungsbedürftig waren, angewandt werden.

Zu einem nicht bekannten Zeitpunkt wurde auf den Einbau des Saales aus dem Konzept von 1946/47 in den Komplex des Alten Hofes verzichtet und stattdessen ein Finanzamtsgebäude an der Stelle des ehemaligen Pfisterstocks vorgesehen. An die Stelle der Treppenhalle trat damit eine Kassenhalle. Sie wurde bewußt in ihrer Höhenentwicklung dem verbliebenen baulichen Bestand in Bezug auf das historische Gebäudeprofil aus dem 19. Jahrhundert angeglichen. Um die Gestaltung der Fassaden aber mußte ganz erheblich gerungen werden. Die schließlich ausgeführte Fassade mit den Stahlbetonstützen und den großen verglasten Öffnungen zum Burghof entsprach nicht der traditionellen Vorstellung und wurde von großen Teilen der Bevölkerung, aber auch vom Landesamt für Denkmalpflege abgelehnt.[196]

Schließlich sollte auch die Fläche des Burghofes ihren spätmittelalterlichen Eindruck durch Verlegung eines Katzenkopfpflasters wieder erhalten. Zur Unterstützung dieses Anliegens sollten die dortigen Parkmöglichkeiten sowie der Fahrverkehr über den Burghof deutlich eingeschränkt werden, damit »ein Stück Alt-München lebendig erhalten bleibt«[197]. Die Grundzüge des Gesamt-Konzeptes lassen sich etwa wie folgt zusammenfassen:

1. Rekonstruktion der historisch bedeutenden Bauteile.
2. Verzicht auf spätere An- und Zubauten, Rückbau auf einen nicht näher definierten zeitlichen Horizont, Purifizierung der Fassaden.
3. Verzicht auf den historischen Saalbau (Pfisterstock), Errichtung eines Neubaus in Anlehnung an die verlorene Baukörperfiguration, um das Ensemble zu ergänzen und eine Störung der Gesamtwirkung zu verhindern.
4. Bedeutende historische Räume wie der Rittersaal und ein historisches Kellergewölbe im Burgstock, dessen gemauertes Gewölbe nach dem etwas jüngeren hölzernen Gewölbe des Rathaussaals damals als größtes profanes Gewölbe in München angesehen wird, einer neuen, angemessenen Nutzung zuzuführen, z.B. als Versteigerungshalle oder amtsinterner Versammlungs- und Besprechungssaal.
5. Rekonstruktion des 1813 gekappten »Hofturmes« in Anbetracht seiner wichtigen städtebaulichen Funktion, aber auch, weil noch Raumbedarf besteht.

13 Anhang

13.1 Zeittafeln

A Bauhistorische Chronologie

1500–700 v. Chr.	Besiedelung des Geländes seit der Bronzezeit.
Mitte 12. Jh.	Ursprungsbau: herzoglich welfischer Wirtschafts- und Verwaltungshof.

1. Bauphase

Spätes 12. Jh.   Die Burganlage auf dem bis heute überlieferten Gelände entsteht: im Osten und Norden wird sie von der Stadtmauer begrenzt, im Süden und Westen von einer 5 bis 7 Meter hohen Mauer mit vorgelagertem Graben. Zu den ersten gemauerten Gebäuden zählt wahrscheinlich eine »Torhalle« (heute südlicher Zwingerstock) und der sog. »Rittersaal«. Im Hof muß ein Bergfried, ein Turm zum Wohnen und zur Verteidigung der Anlage, angenommen werden. Anstelle des heutigen südlichen Tores befand sich ein Brunnen.

2. Bauphase

13. Jh.	Im frühen 13. Jh. entsteht ein kleinerer Vorläuferbau des südlichen Torturms, dessen Fundamente noch in der Westwand des östlichen Burgstockes nachweisbar sind.
1224	Errichtung einer Lorenzikapelle.
1253	Der wittelsbachische Fürstenhof: eine städtische Herzogsburg wird als (Teil)-Residenz für Oberbayern erwähnt.
1264	Errichtung des Zerwirkgewölbes
um 1300	der östliche Burgstock entsteht.

3. Bauphase

1324/50	Die Burgkapelle ist Aufbewahrungsort der Reichskleinodien
1328/47	Die kaiserliche Residenz für Ludwig IV, den Bayern, der als erster Deutscher Kaiser über eine festen ständigen Regierungssitz verfügte.
Frühes 14. Jh.	Errichtung (oder Ausbau) des »Burgstock«
1359/64	Aufzeichnungen des Herzoglichen Kastners Joh. von Kammerberg. Hier werden »4 Steinhäuser«, das »neue Haus« und der Gang außerhalb der Kapelle erwähnt.

4. Bauphase

15. Jh.	In der 1. Hälfte wird der stadtseitige Graben endgültig verfüllt und überbaut.
1425	Dendrochronologische Datierung des nördlichen Dachstuhlabschnittes des Zwingerstockes.
1444	Bemalung der Fassaden in Fensterschrägen, evtl. zeitgleich mit Rauten.
1460/70	Ausbau der Bausubstanz wohl unter Herzog Sigmund. Torturm errichtet nach 1460 (1813 zur Hälfte abgetragen, 1966/68 rekonstruiert).

1463	Dendrochronologische Datierung des Dachstuhles des Burgstockes.
1460/70	Errichtung des Turmerkers (in Holzkonstruktion).
1493	In der ältesten Ansicht Münchens in der Weltchronik von Hartmann Schedel, ist der charakteristische südliche Torturm und die Spitze der St. Lorenz-Kirche zu sehen.
vor 1500	Bemalung der Fassaden mit imitierten Steinbossen.

5. Bauphase

1506	Bauinschrift im Rittersaal, Zwingerstock, gibt wahrscheinlich einen Umbau mit Erweiterung des mittleren Zwingerstocks an.
1562	Dendrochronologische Datierung des mittleren Dachstuhlabschnittes des Zwingerstockes (dabei evtl. Verbauung von älteren Vorgängerkonstruktionen, da Datierung einer Probe auf 1371).
1563/67	Hofmarstall- und Kunstkammergebäude (heute BLfD, fast unverändert erhalten).
1572	Sandtner-Modell. Erste Gesamtdarstellung der Anlage.

6. Bauphase

1573/79	Pfistermühle (Hauptgebäude erhalten).
1579-81	Bau des Pfisterstocks als Saalbau.
vor 1613	Errichtung des Bräuhauses.
1605	Darstellung im ältesten Stadtplan Münchens von Wenzel Hollar.
1644	Errichtung des »kurfürstlichen Bräuamtes« entlang des Pfisterbaches im Anschluß an das Zerwirkgewölbe. Darstellung im Stadtplan von Matthäus Merian.

7. Bauphase

1705	Darstellung im Stadtplan von Matthias Paur.
1757	Dendrochronologische Datierung des südlichen Dachstuhlabschnittes des Zwingerstockes, dessen Errichtung wohl im Zusammenhang mit der Aufstockung des Gebäudes steht.
1785	Errichtung des Brunnens im Hof, Umgestaltung in überlieferte Form 1827.
1787-89	Der Pfisterstock erhält einen neuen Dachstuhl.
1796	Kurfürst Karl Theodor kauft das Larosee-Haus inklusive Turm.
vor **1800**	Darstellung in mehreren Zeichnungen Johann Paul Stimmelmayrs.

8. Bauphase

1813	Torturm zur Hälfte abgetragen.
1816	Abbruch der Hofkapelle.
1816-1819	Neubau des Gebäudes für die Generaldirektion der Zölle (Lorenzistock).
1831	Wirtschaftsbauten / Brauhaus »Brunnenstock« abgebrochen, Neubau der Steuerkatasterkommission auf dem Gewölbe des herzoglichen Einbockkellers.
1842	Abbruch des (zuletzt) Polizeiturm genannten Vorderen Schwabinger Tores.
1846-1868	Darstellung des Zustands im Seitz-Modell.
1850	Entdeckung von Wandmalereien (14 Figuren) im sog. »Ahnensaal« im Burgstock.

9. Bauphase

1895 ca	Umbau der Generaldirektion der Zölle (Lorenzistock): das Larosee-Haus wird durch einen Neubau ersetzt, der kleine Hof im Anschluß an das Larosee-Haus überbaut.
1903	Umbau der Kgl. Rentämter: das ehemalige Gebäude der Steuerkatasterkommission wird entkernt und aufgestockt, Neugestaltung der Fassaden. Der Renaissance-Giebel am Pfisterstock erhält im Süden ein Pendant.

1912	Aufstockung der Generaldirektion der Zölle um ein Geschoß.
1915	Überwölbung des Pfisterbaches.
1944	Bei Notgrabungen werden im Burghof Fundamentmauerreste bisher ungeklärter Datierung aufgefunden.
1944/45	Zerstörungen durch Kriegseinwirkung.

10. Bauphase

1950/51	Esterer-Bau als erste Maßnahme des Wiederaufbaus.
1957-58	Abbruch des Pfisterstocks und Neubau.
1959-60	Brunnenstock: teilweiser Abbruch des Littmannbaus und Neubau der Kassenhalle.
1960-61	Brunnenstock: Abbruch und Neubau.
1964-66	Umfangreiche Baumaßnahmen an Burg- und Zwingerstock.
1995/96	Bei Mauertrockenlegungen werden am Burgstock im südöstlichen Innenhofbereich und in der südlichen Durchfahrt archäologische Grabungen durchgeführt.

B Wittelsbacher Herzöge als mögliche Residenten im Alten Hof

1   Otto I.
    1180/1183

2   Ludwig I.
    1183/1231

3   Otto II.
    1231/1253

4   Ludwig II.   Ludwig III.
    1253/94   **1253/55**

5   Ludwig IV.
    1294/1347

6   Ludwig   Stefan II.   Ludwig V.   Wilhelm   Albrecht   Otto V.
    1347/   **1347/1375**   1347/   1347/   1347/   1347/

7   Stefan III.
                1375/1392

8   Johann II.
                1392/1397

9   Ernst   Wilhelm
                1397/1438   **1397/1435**

10   Albrecht III.
                1438/1460

11   Johann   Sigmund   Albrecht IV.
                1460/1463   **1460/1467**   **1465/1508**

12   Wilhelm IV.   Ludwig
                                            1508/1550   **1516/1545**

13   Albrecht V.
                                            1550/1579

C Zusammenstellung der wichtigsten Bauphasen, M 1:2500

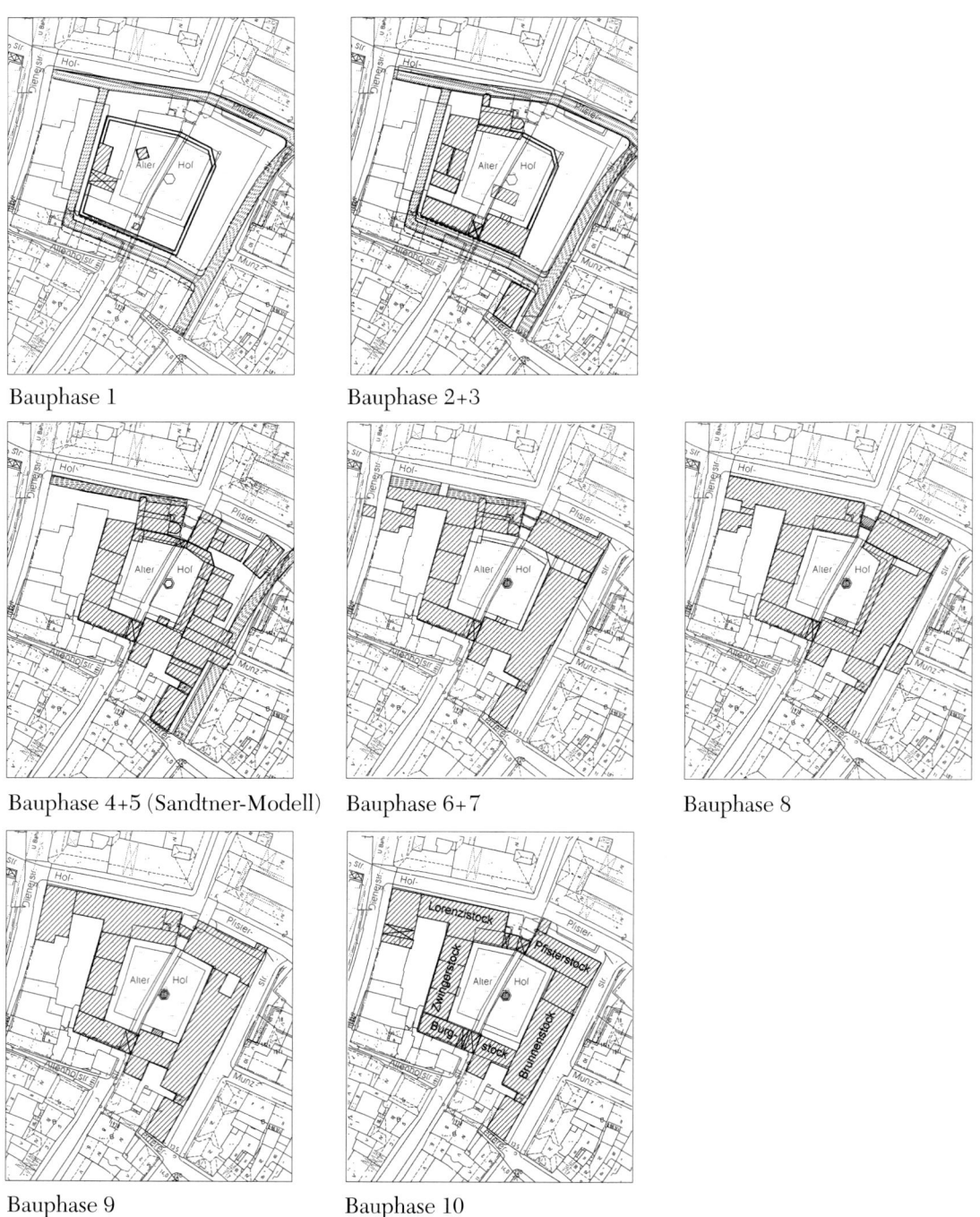

Bauphase 1

Bauphase 2+3

Bauphase 4+5 (Sandtner-Modell)

Bauphase 6+7

Bauphase 8

Bauphase 9

Bauphase 10

D Plansätze

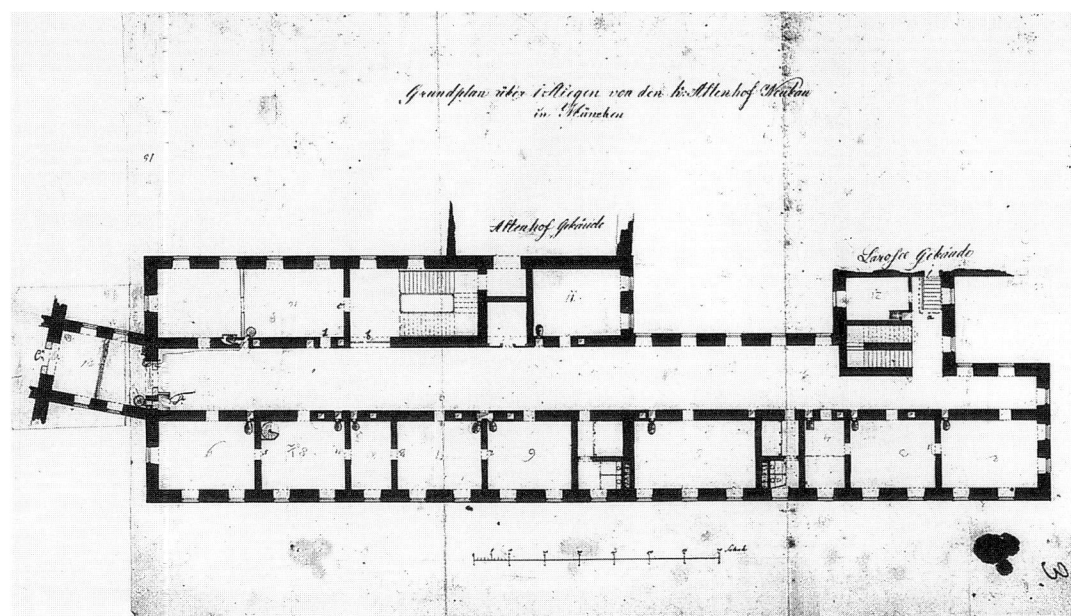

Abb. 76
Generaldirektion der Zölle, Grundriß 1. OG (Planverzeichnis Nr. 114)

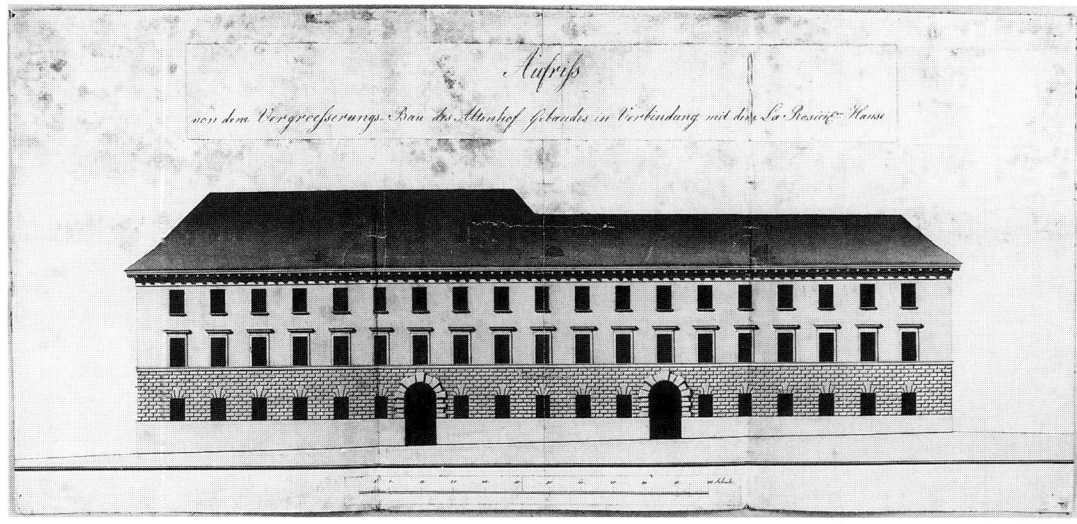

Abb. 77
Generaldirektion der Zölle, Ansicht zum Hofgraben (Planverzeichnis Nr. 11.3). Dies ist die erste,
wahrscheinlich bauzeitliche Ansicht.

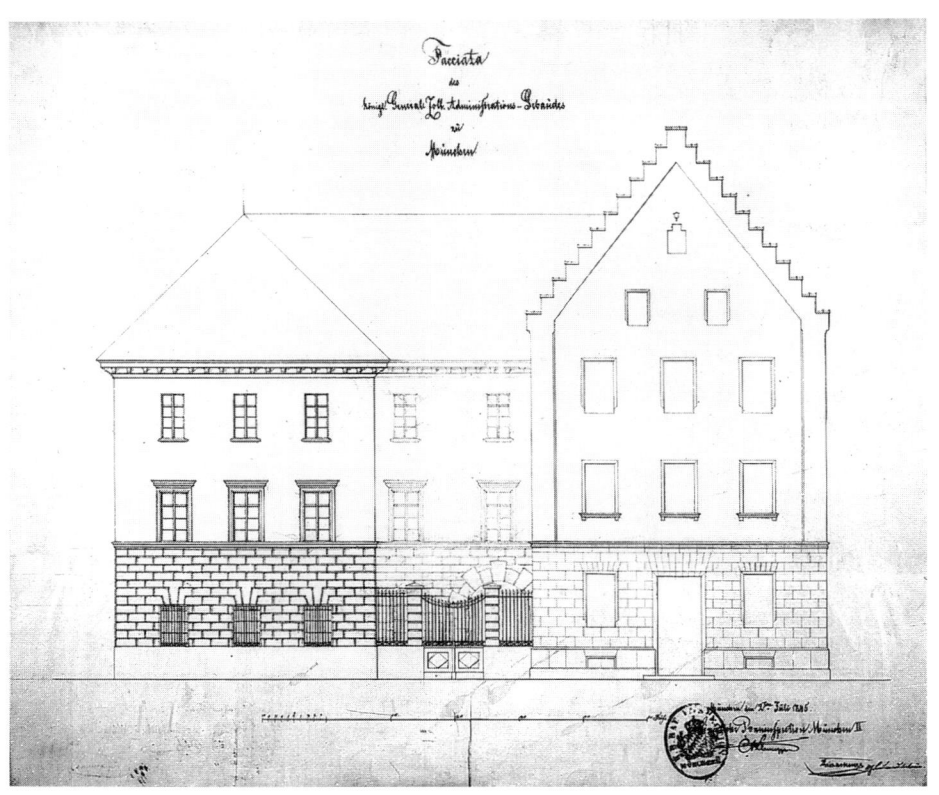

Abb. 78 (oben)
Generaldirektion der Zölle,
Ansicht zur Dienerstraße
nach Abbruch des La Rosée-
oder Polizeiturmes, 1845
(Planverzeichnis Nr. 11.7).

Abb. 79 (unten)
Generaldirektion der Zölle,
Ansicht zur Dienerstraße
nach Abbruch des La Rosée-
Hauses und Neubaus als Erweiterung der Generaldirektion, 1895. Ausschnitt (Planverzeichnis Nr. 9).

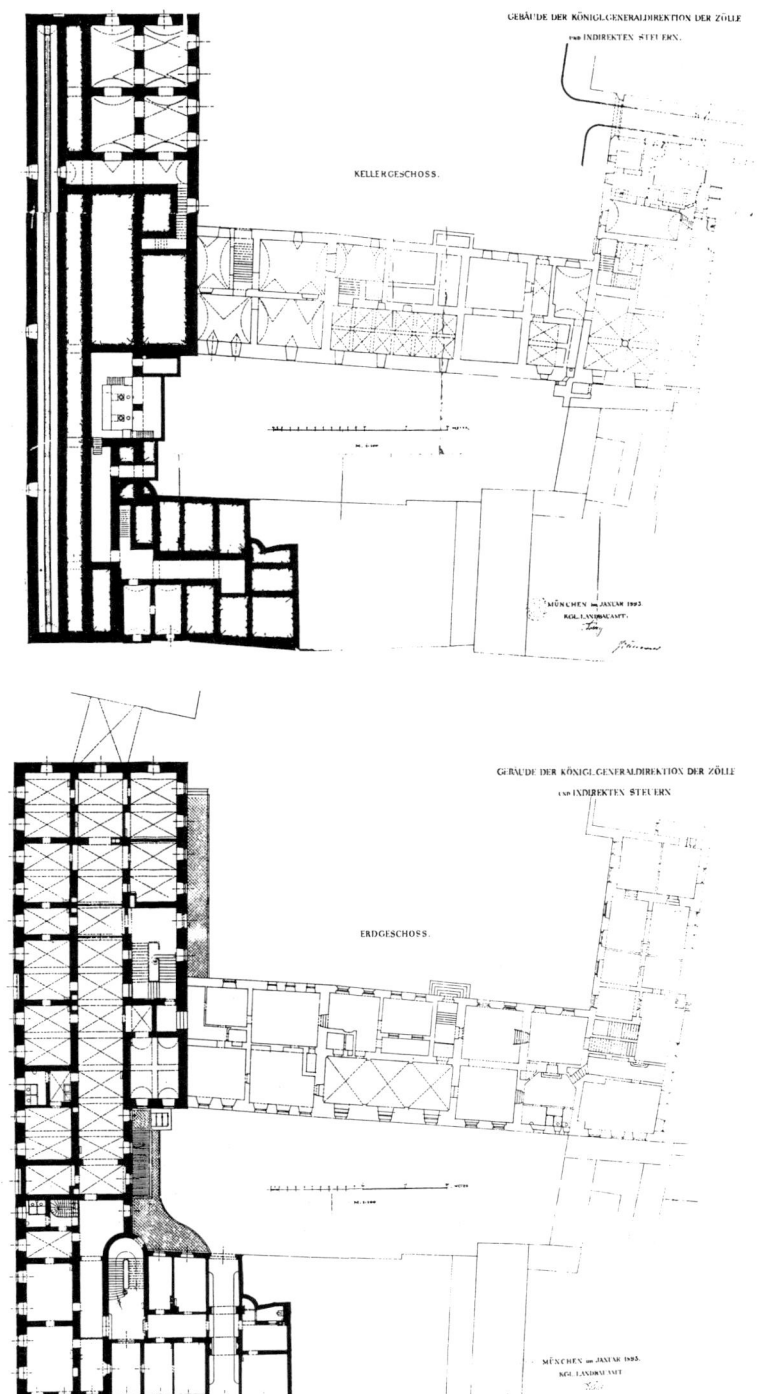

Abb. 80 u. 81 General-
direktion der Zölle und
zugleich die ältesten erhaltenen Grundrisse des Burg-
und Zwingerstocks, 1895.
Grundriß des Kellergeschoß
(oben) und des Ergeschoß
(unten) (Planverzeichnis
Nr. 9).

123

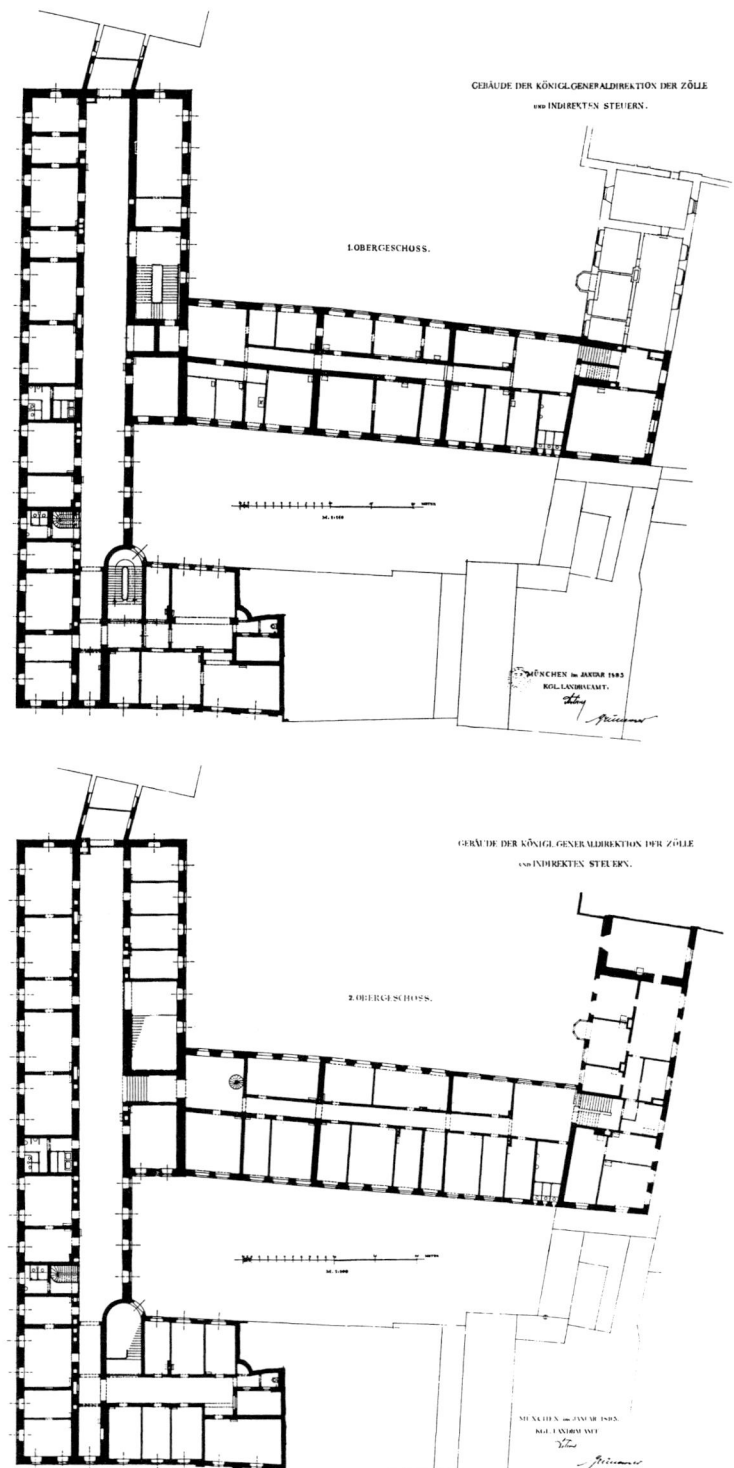

Abb. 82 u. 83   General-
direktion der Zölle und
zugleich die ältesten erhaltenen Grundrisse des Burg-
und Zwingerstocks, 1895.
Grundriß des 1. Oberge-
schoß (oben) und des
2. Obergeschoß (unten)
(Planverzeichnis Nr. 9).

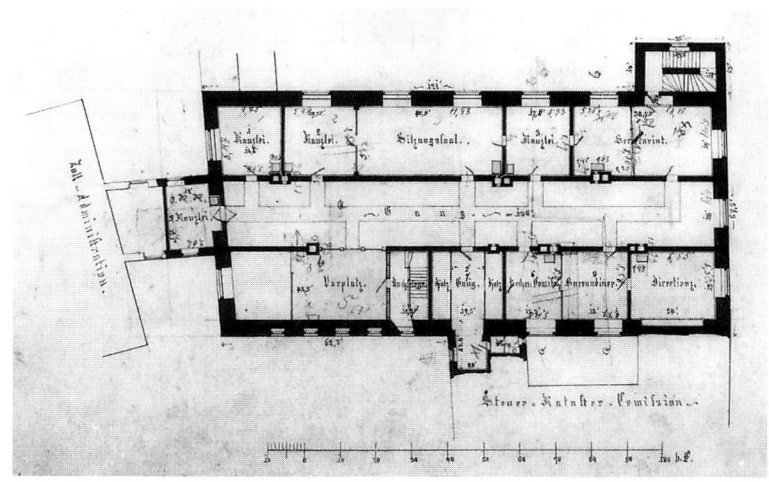

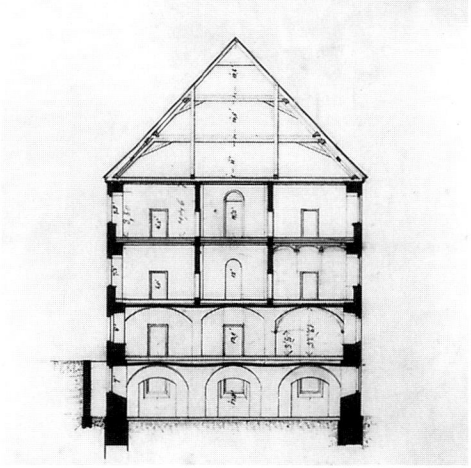

Abb. 84 u. 85   Grundriß
des 2. OG und Schnitt des
Pfisterstocks, vor 1900 (Planverzeichnis Nr. 11.9).

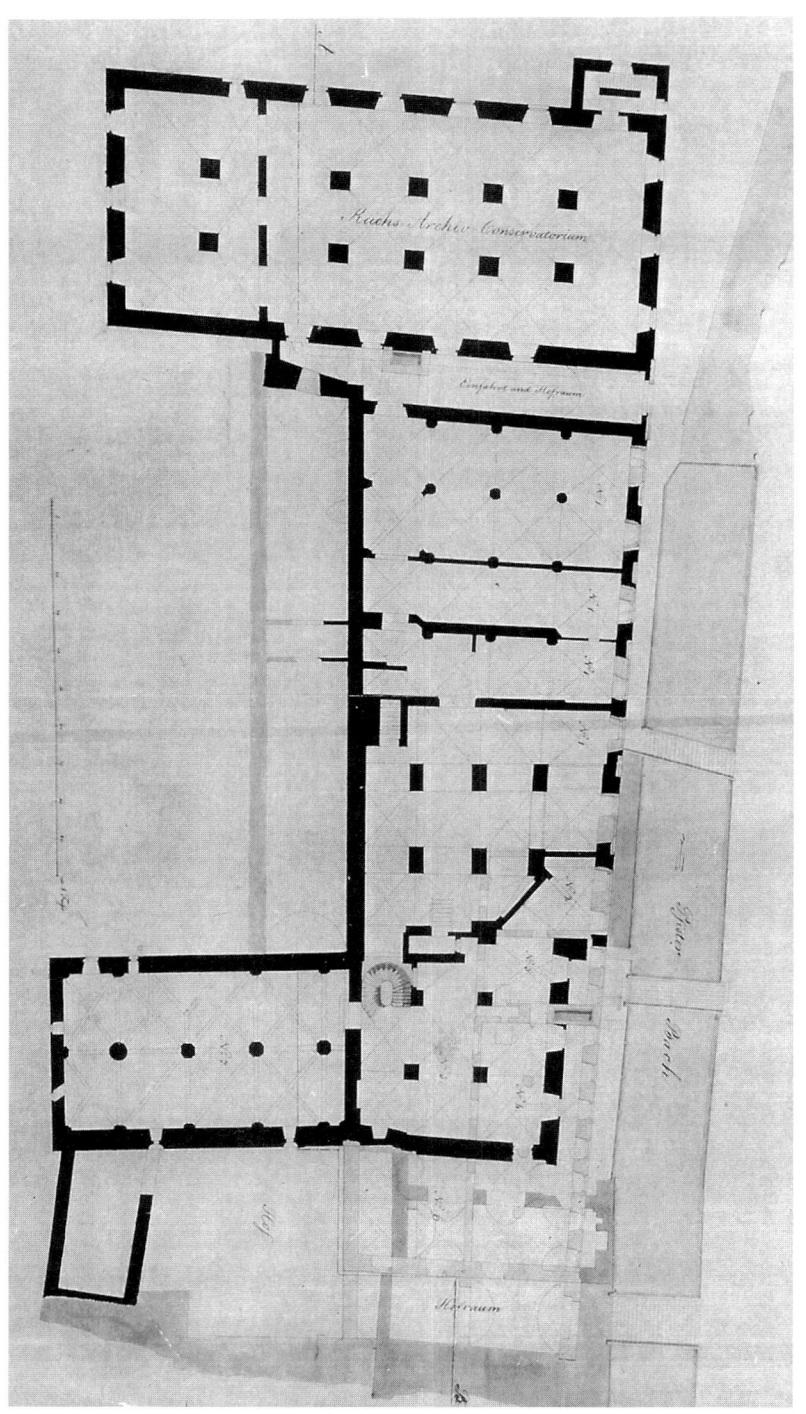

Abb. 86 Grundriß des Kellergeschosses vom Pfisterstock, Brunnenstock und östlichem Burgstock, 1829, anläßlich des Neubaus für die Steuerkataster-Kommission angefertigt: die bestehenden und weiterzuverwendenen Teile sind schwarz, die abzubrechenden grau, und die neu aufzuführenden rot angelegt (Planverzeichnis Nr. 10.1).

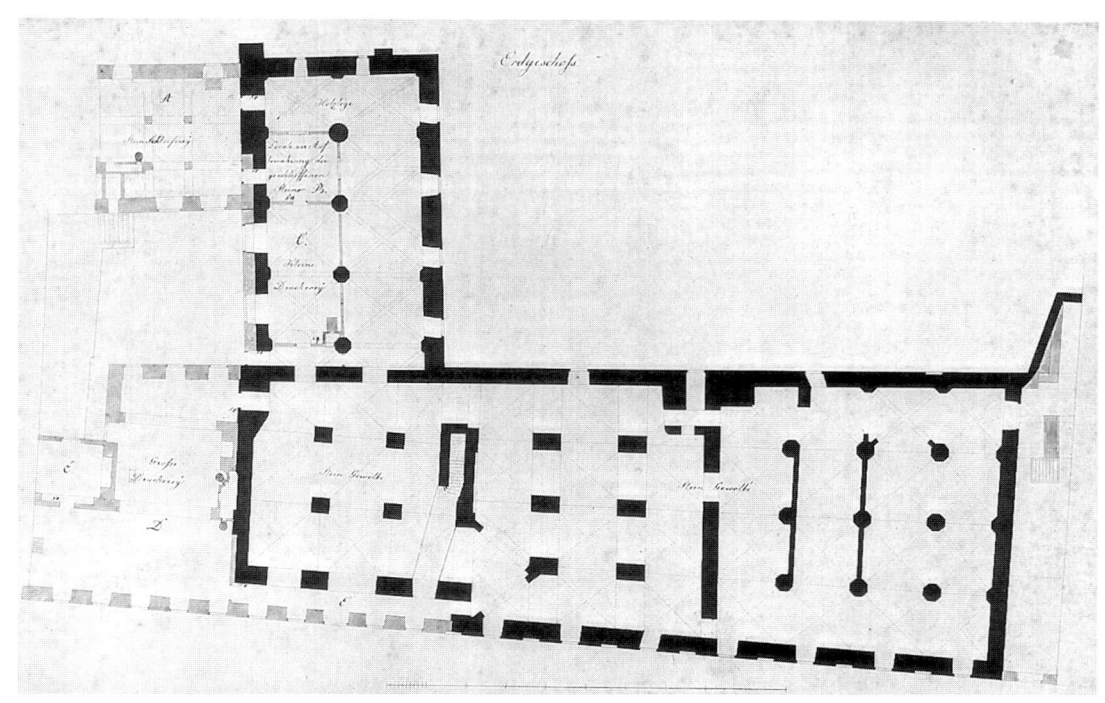

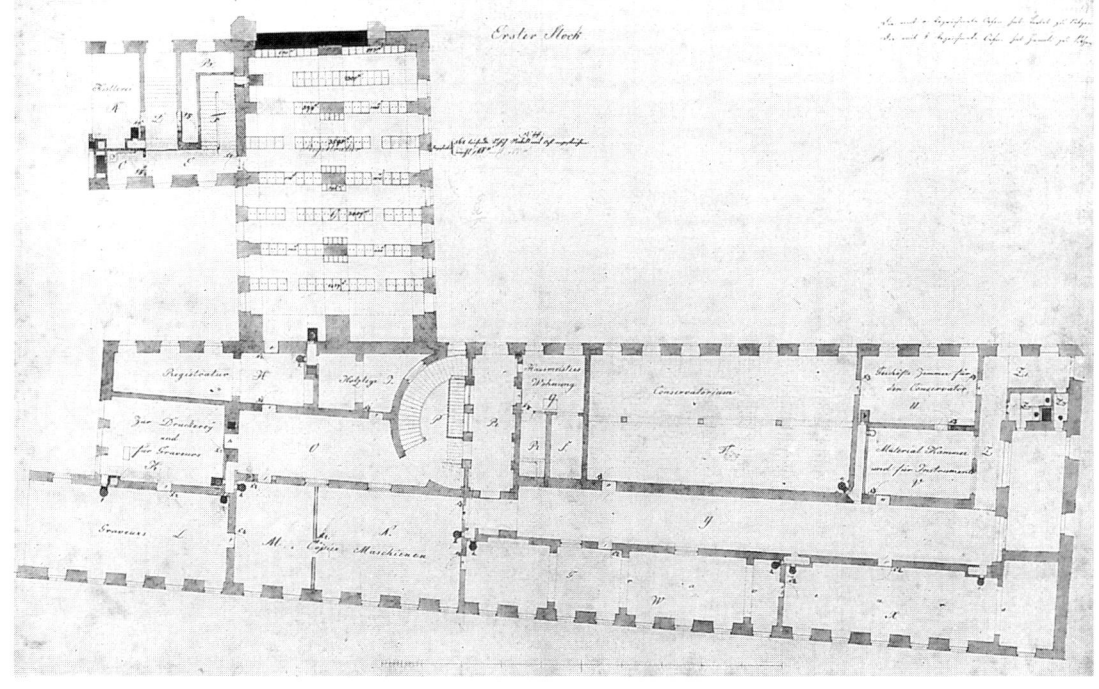

Abb. 87 u. 88
Grundrisse
des Neubaus
für die Steu-
erkataster-
Kommission,
ca. 1829.
Grundriß des
Kellerge-
schoß (oben)
und des Erd-
geschoß (un-
ten) (Plan-
verzeichnis
Nr. 10.2).

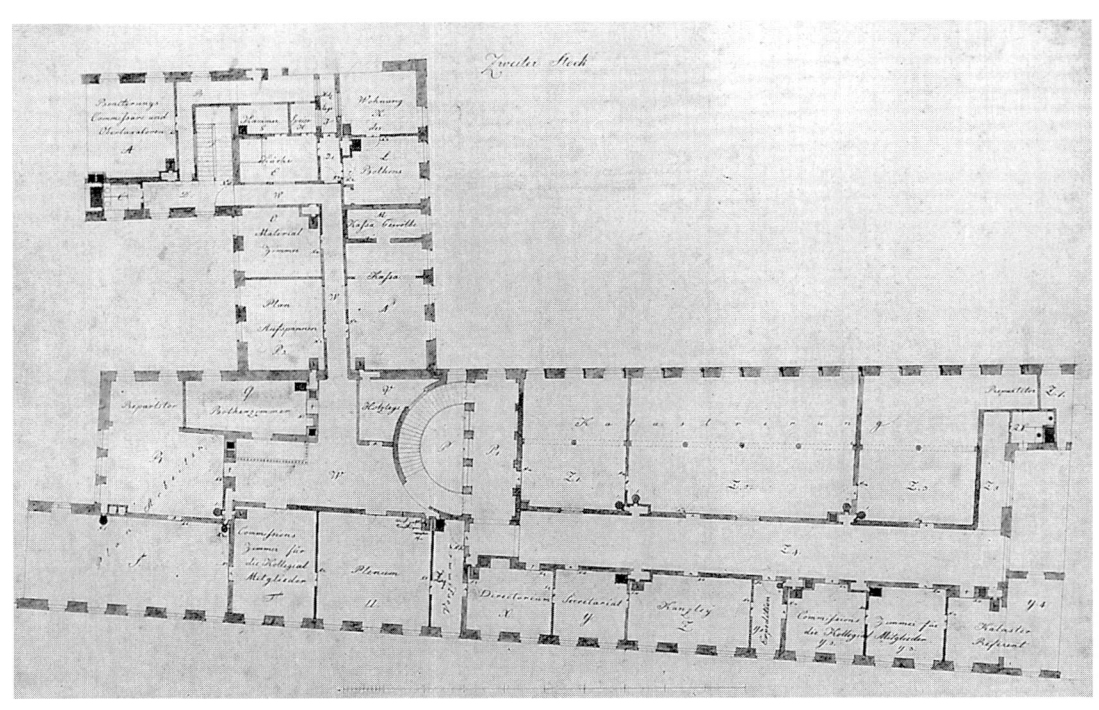

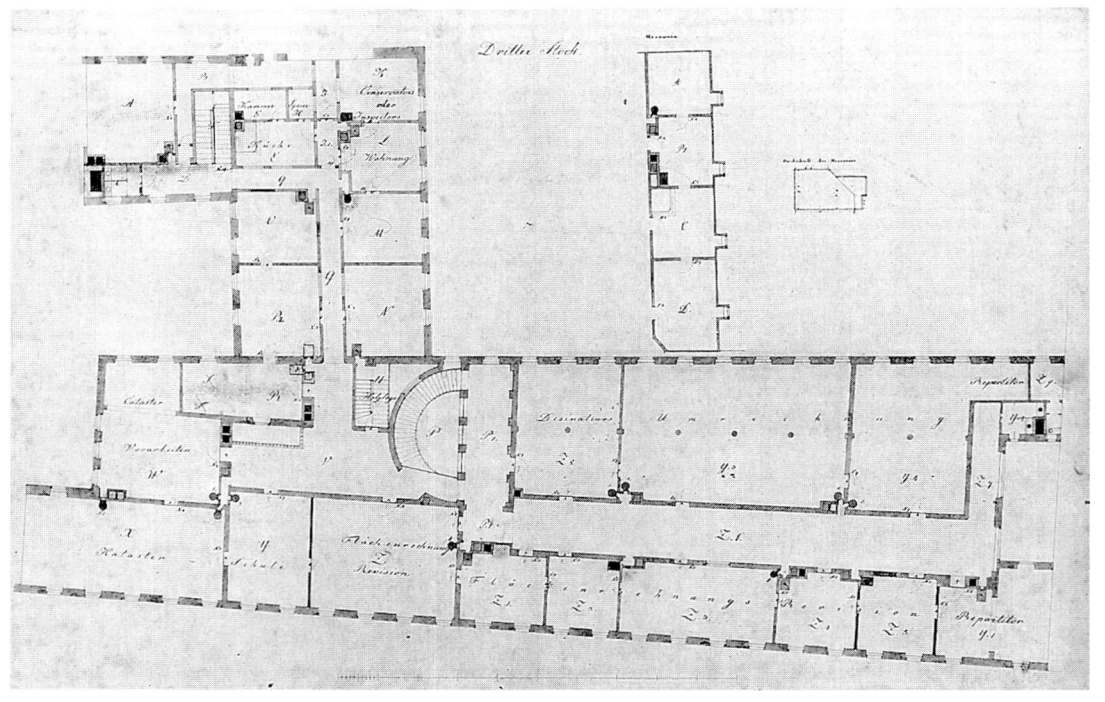

Abb. 89 u. 90
Grundrisse
des Neubaus
für die Steu-
erkataster-
Kommission,
ca. 1829.
Grundriß des
1. Oberge-
schoß (oben)
und des 2.
Obergeschoß
(unten) (Planver-
zeichnis Nr.
10.2).

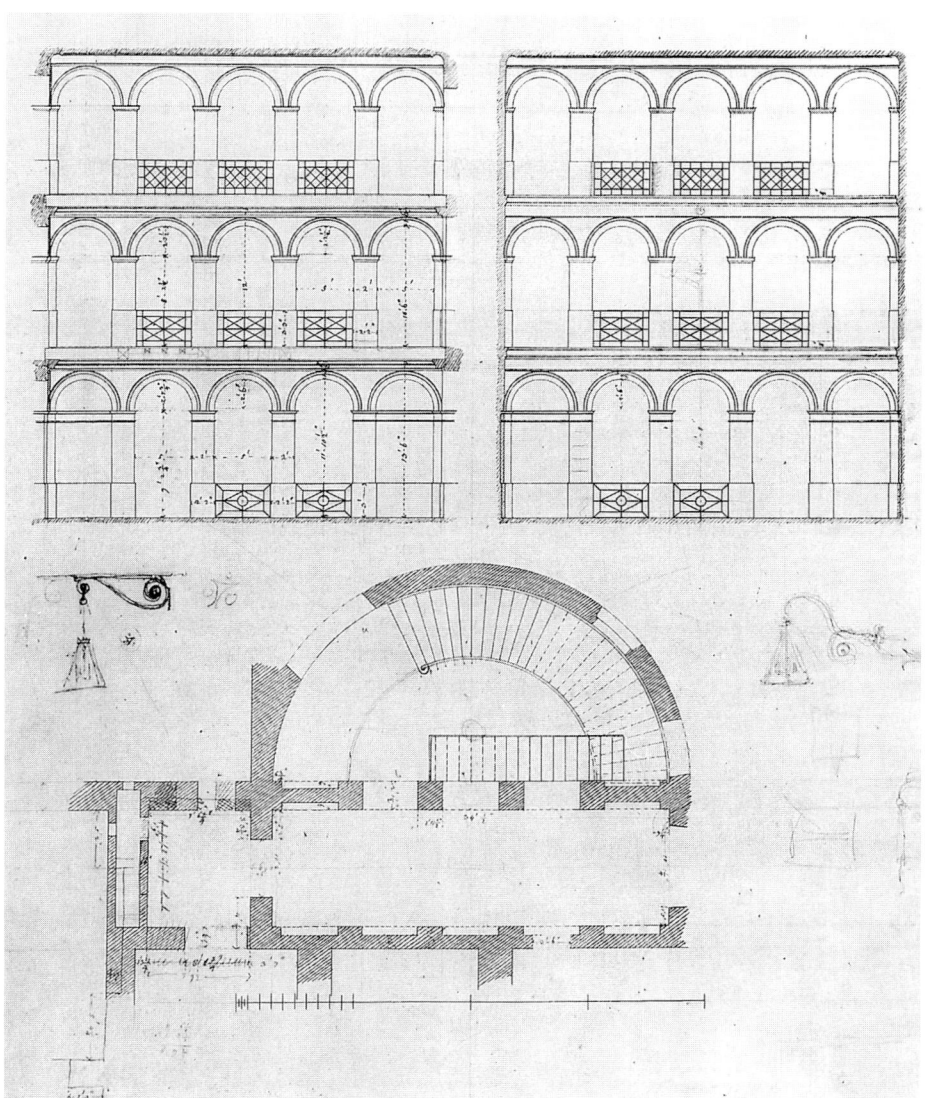

Abb. 91   G.F. Ziebland:
Treppenhaus der Steuerkataster-Kommission in Grund-
und Aufriß, ca. 1829. (Planverzeichnis Nr. 10.2).

Abb. 92   G.F. Ziebland:
Fassade der Steuerkataster-
Kommission zum Pfister-
bach (links) und zum Burghof (rechts), ca. 1829 (Planverzeichnis Nr. 10.2).

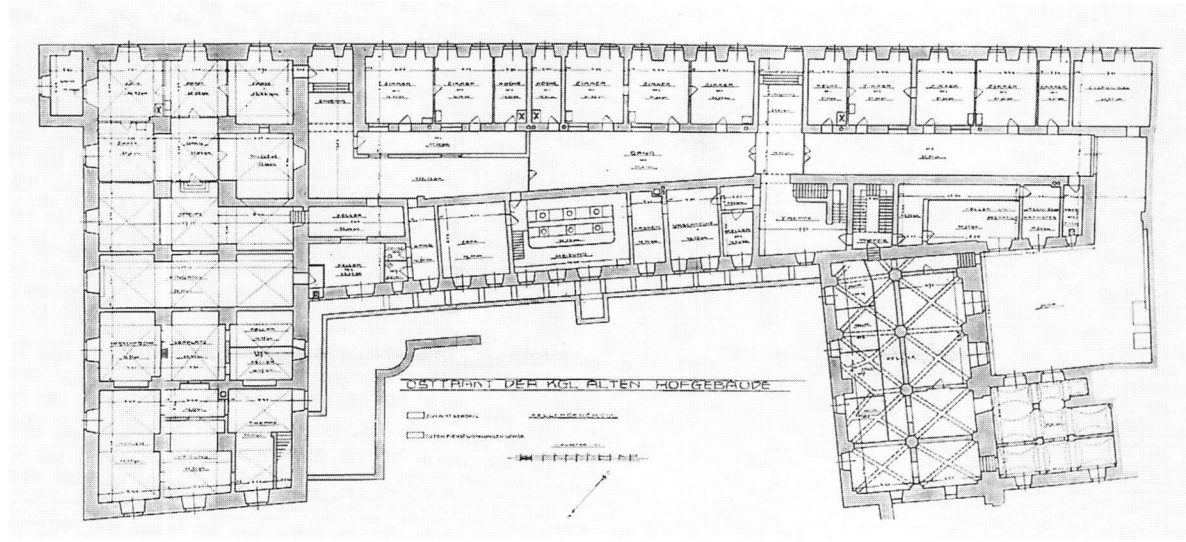

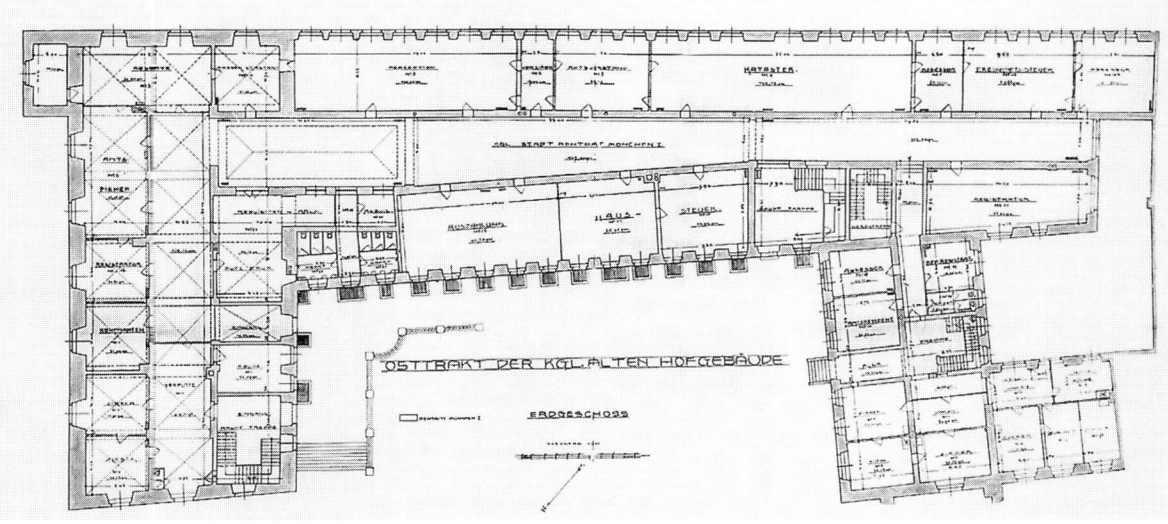

Abb. 93 u. 94   Pfisterstock,
Brunnenstock und östlicher
Burgstock nach dem Umbau
durch Heilmann und Litt-
mann, 1902/03. Grundriß
des Kellergeschoß (oben)
und des Erdgeschoß (unten)
(Planverzeichnis Nr. 8).

131

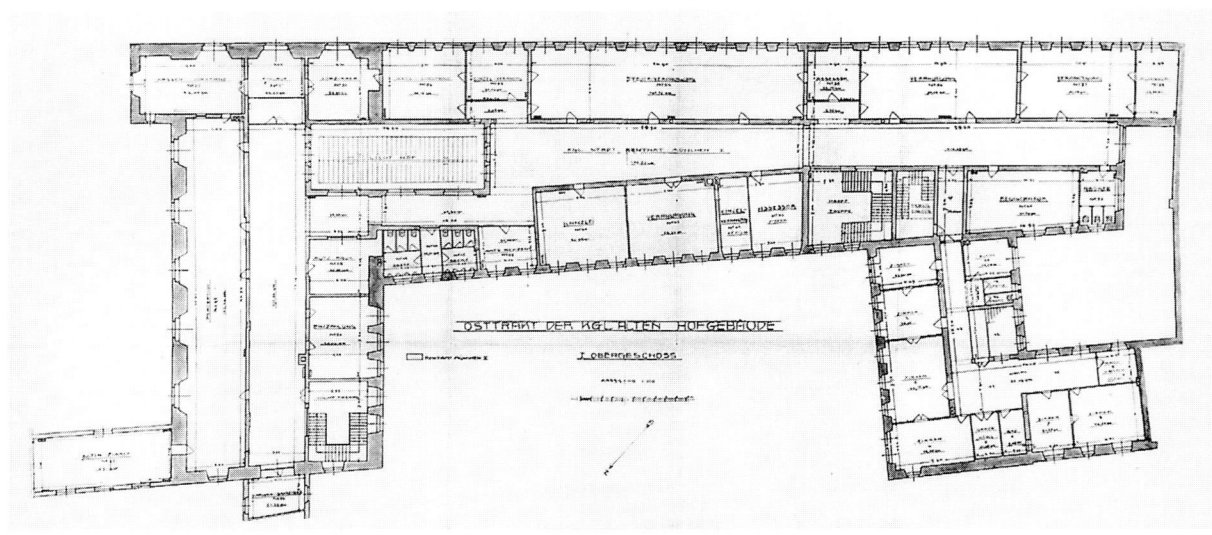

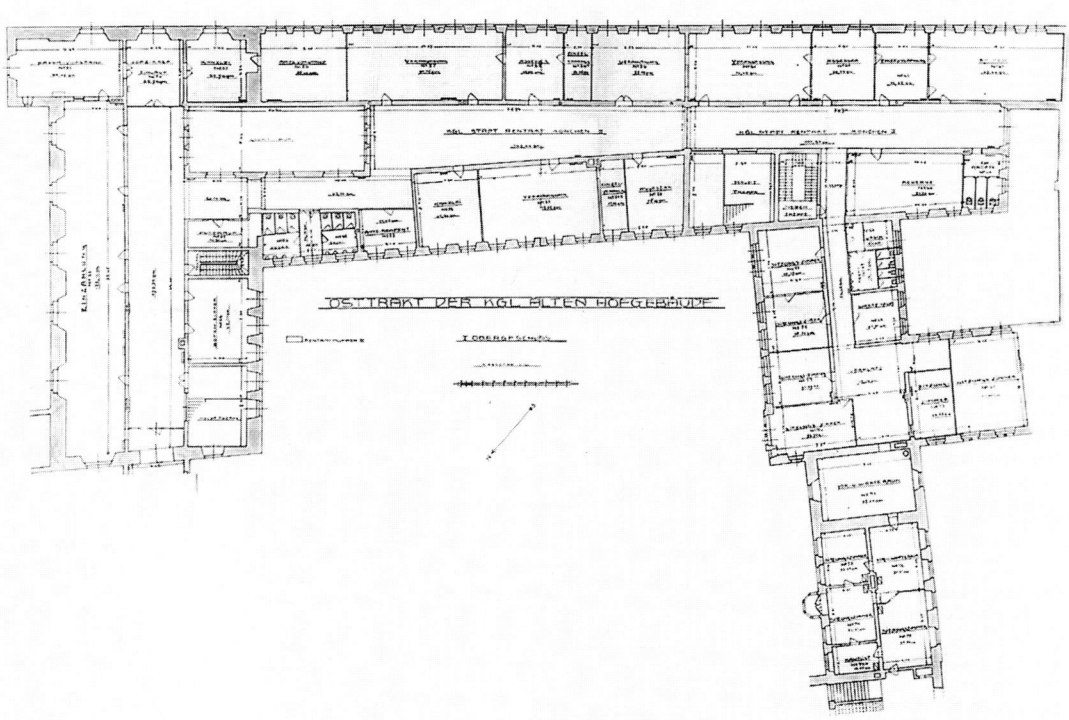

Abb. 95 u. 96 Pfisterstock, Brunnenstock und östlicher Burgstock nach dem Umbau durch
Heilmann und Littmann, 1902/03, Grundriß des 1. Obergeschoß (oben) und des 2. Obergeschoß (unten)
(Planverzeichnis Nr. 8).

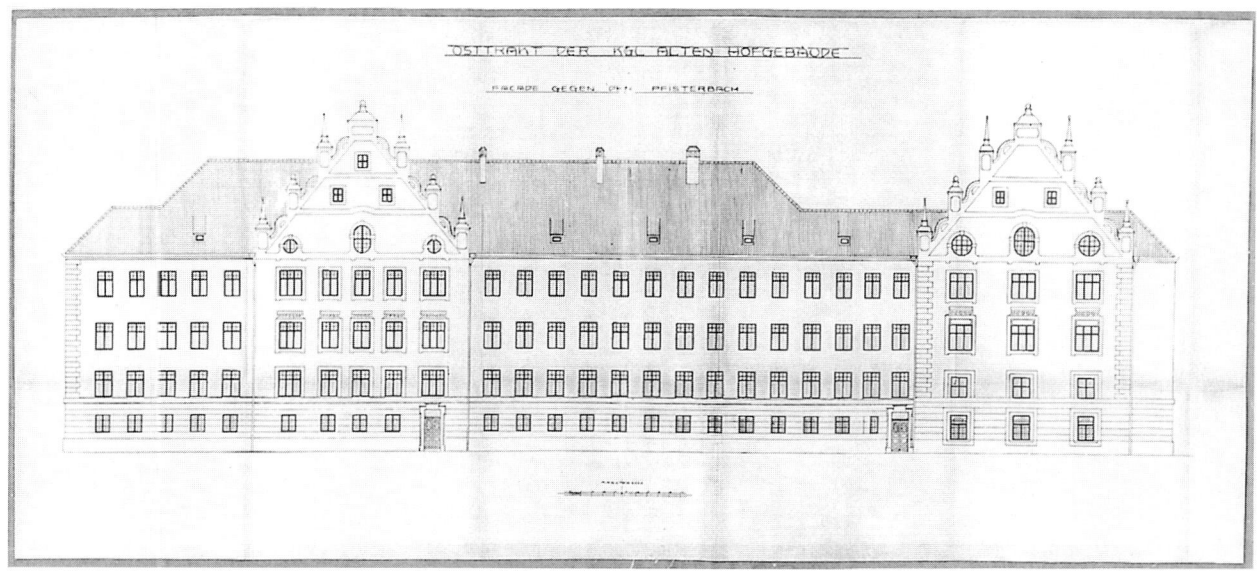

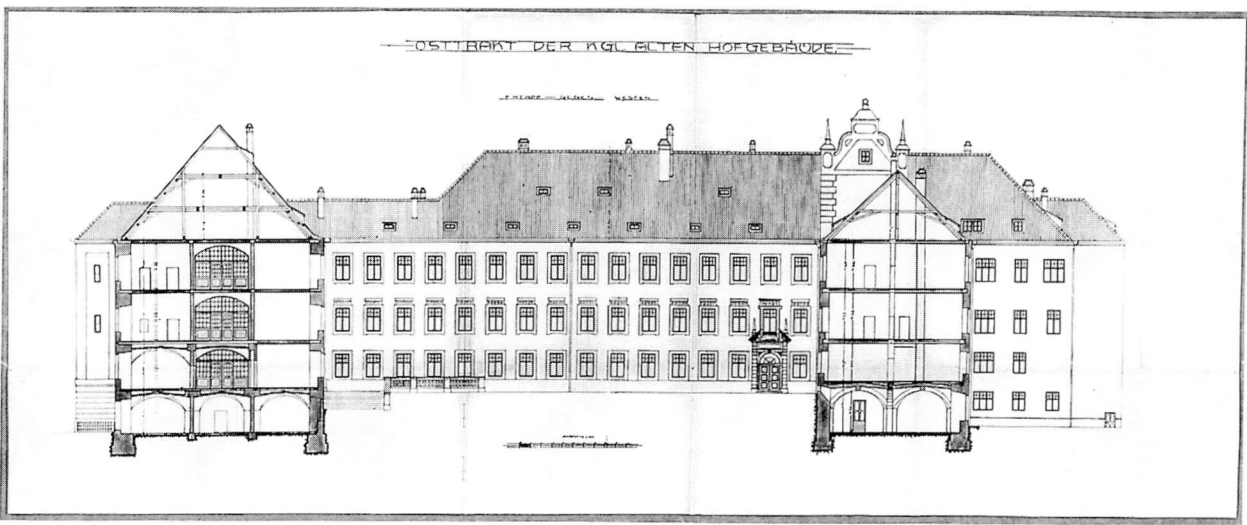

Abb. 97 u. 98   Pfisterstock, Brunnenstock und östlicher Burgstock nach dem Umbau durch Heilmann und Littmann, 1902/03. Ansichten Ost (oben) und West (unten) und Schnitte (Planverzeichnis Nr. 8).

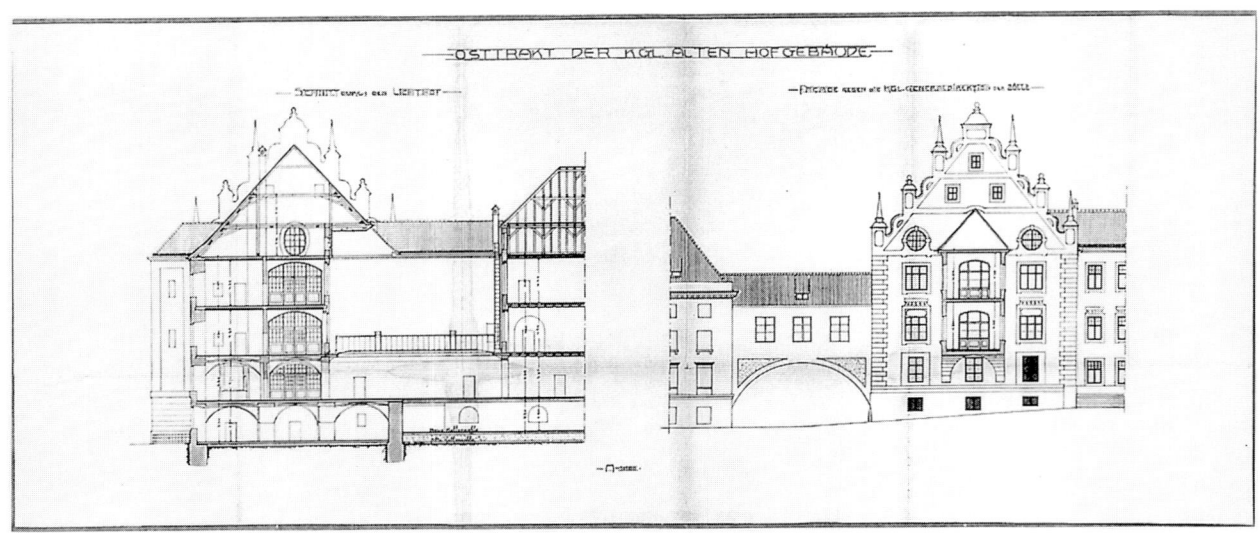

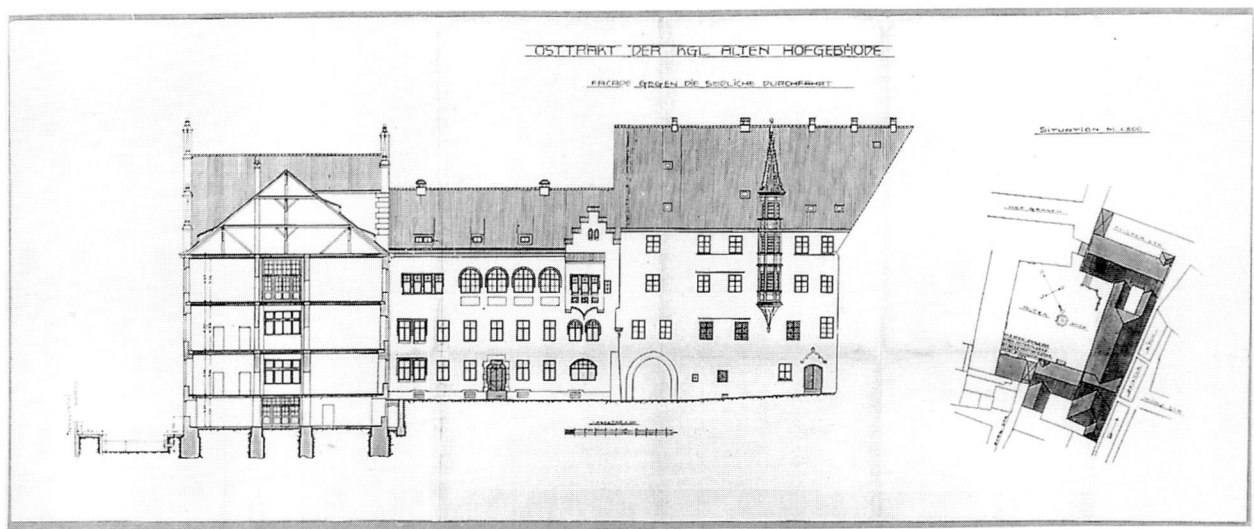

Abb. 99 u. 100   Pfisterstock, Brunnenstock und östlicher Burgstock nach dem Umbau durch Heilmann und Littmann, 1902/03. Ansichten und Schnitt Pfisterstock (oben) und Ansicht Burgstock (unten) (Planverzeichnis Nr. 8).

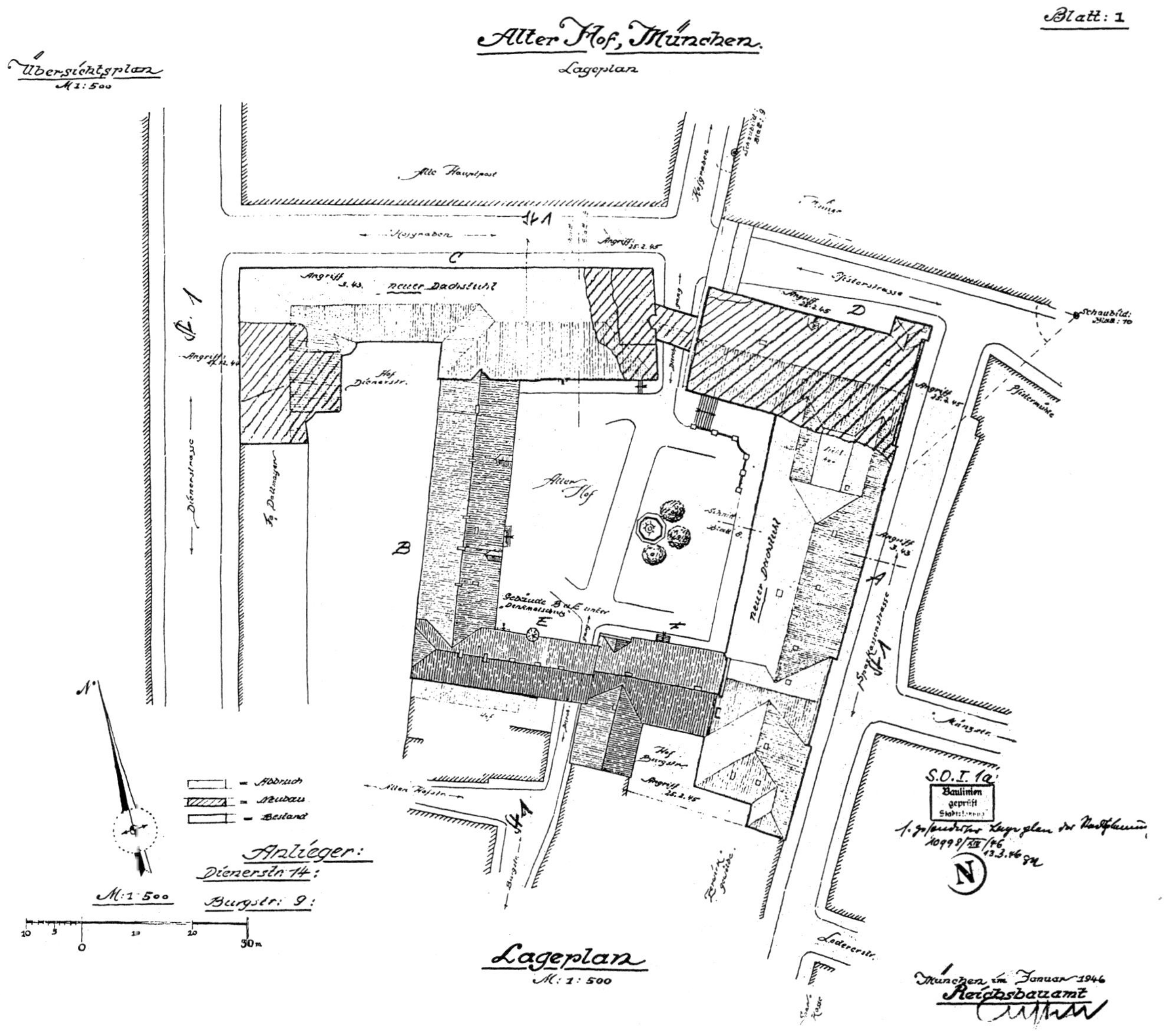
Alter Hof, München.
Lageplan
Blatt: 1
Übersichtsplan
M 1:500
Alte Hauptpost
Anlieger:
Dienerstr. 14:
Burgstr. 9:
M. 1:500
Lageplan
M: 1:500
München im Januar 1946
Reichsbauamt
S.O.I. 1a
Baulinien geprüft
N

Abb. 101 Schadenskartierung und Überlegungen zum Wiederaufbau, 1946 (Planverzeichnis Nr 12.1).

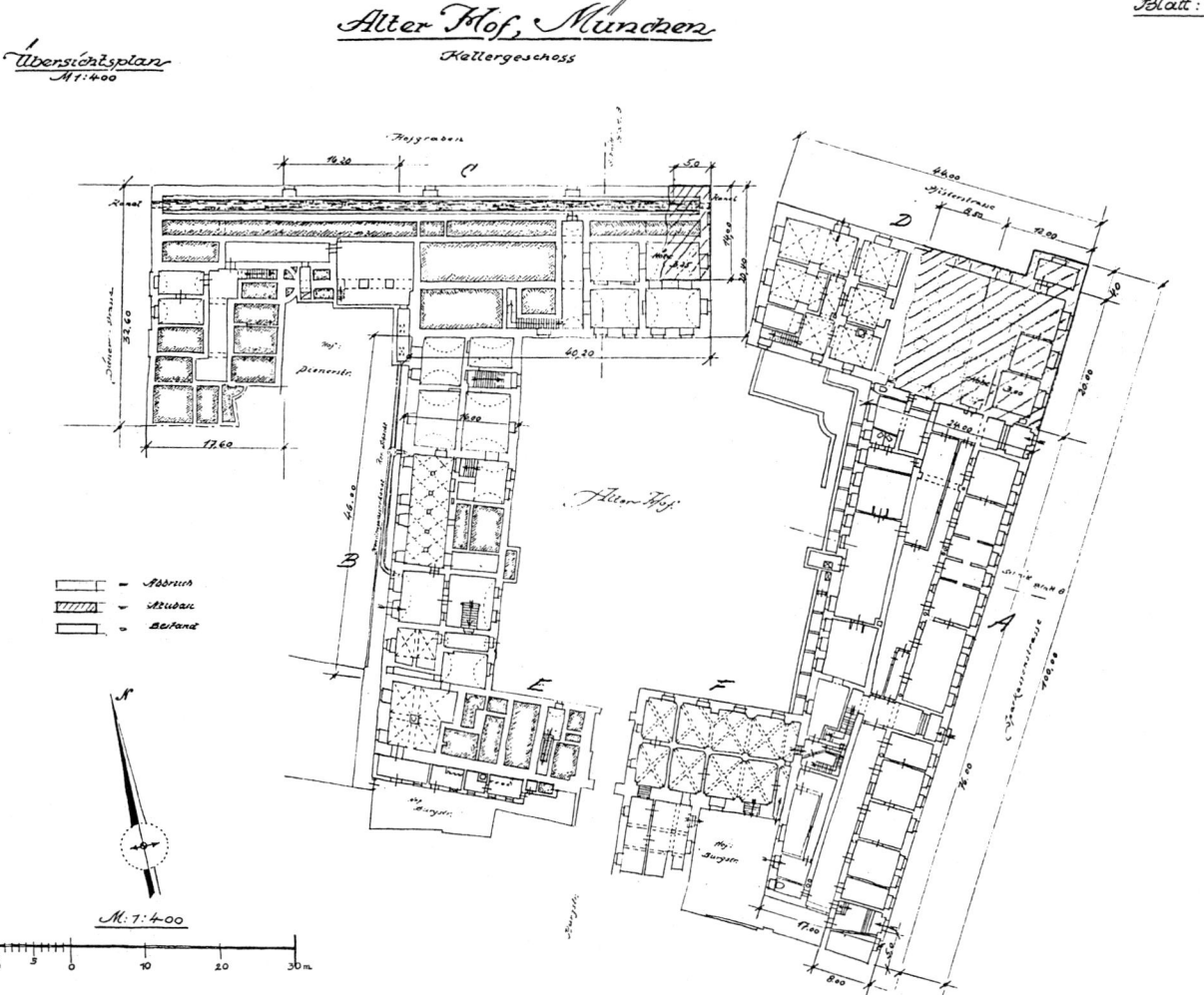

Abb. 102 Schadenskartierung und Überlegungen zum Wiederaufbau, 1946 (Planverzeichnis Nr. 12.1).

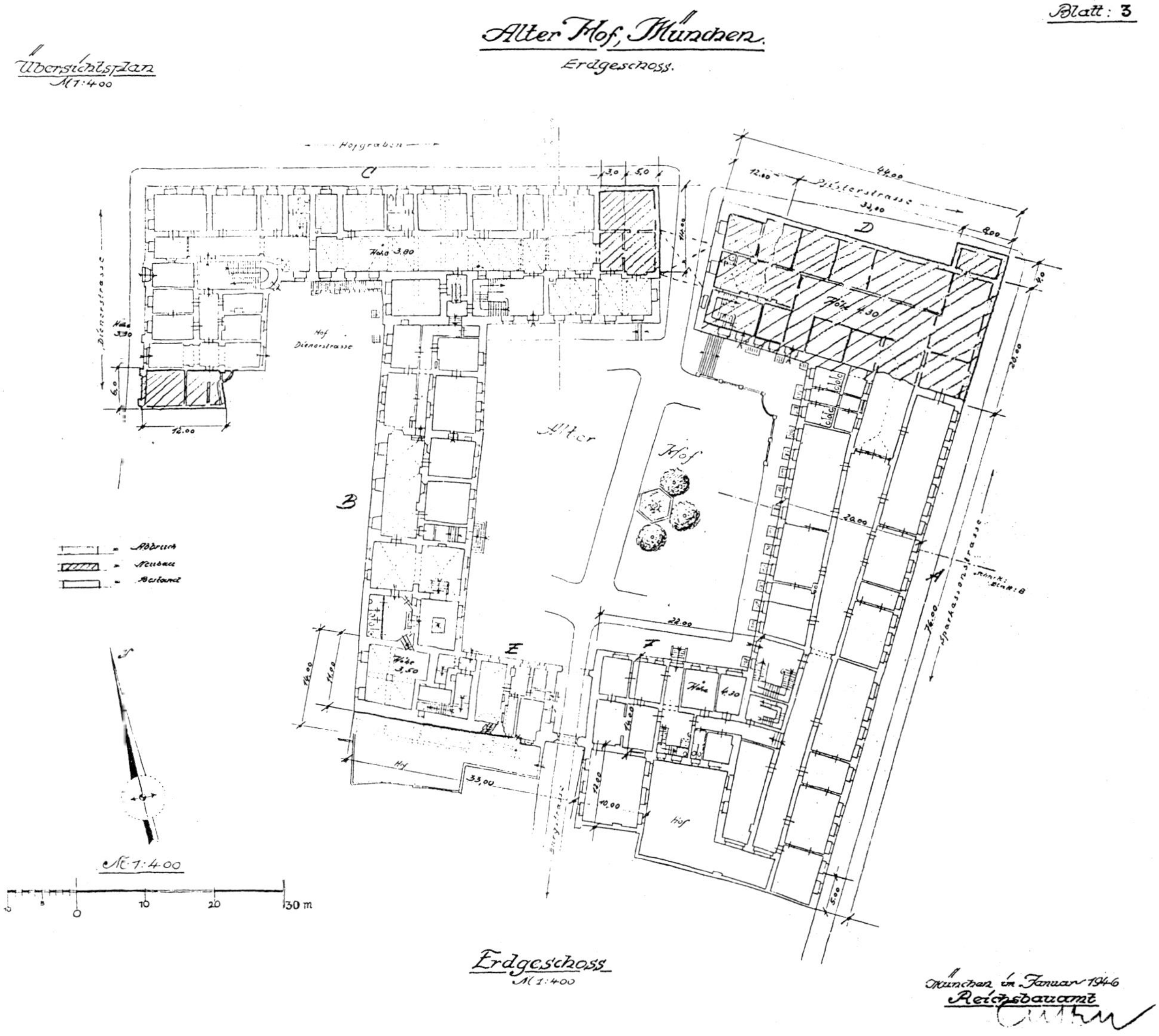

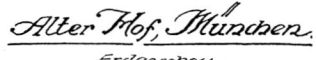

Alter Hof, München.
Erdgeschoss.
Blatt: 3
Übersichtsplan
M 1:400
Hofgraben
Dienerstrasse
Pfisterstrasse
Sparkassenstrasse
Alter Hof
Abbruch
Neubau
Bestand
M 1:400
0
10
20
30 m
Erdgeschoss
M 1:400
München im Januar 1946
Reichsbauamt

Abb. 103 Schadenskartierung und Überlegungen zum Wiederaufbau, 1946 (Planverzeichnis Nr. 12.1).

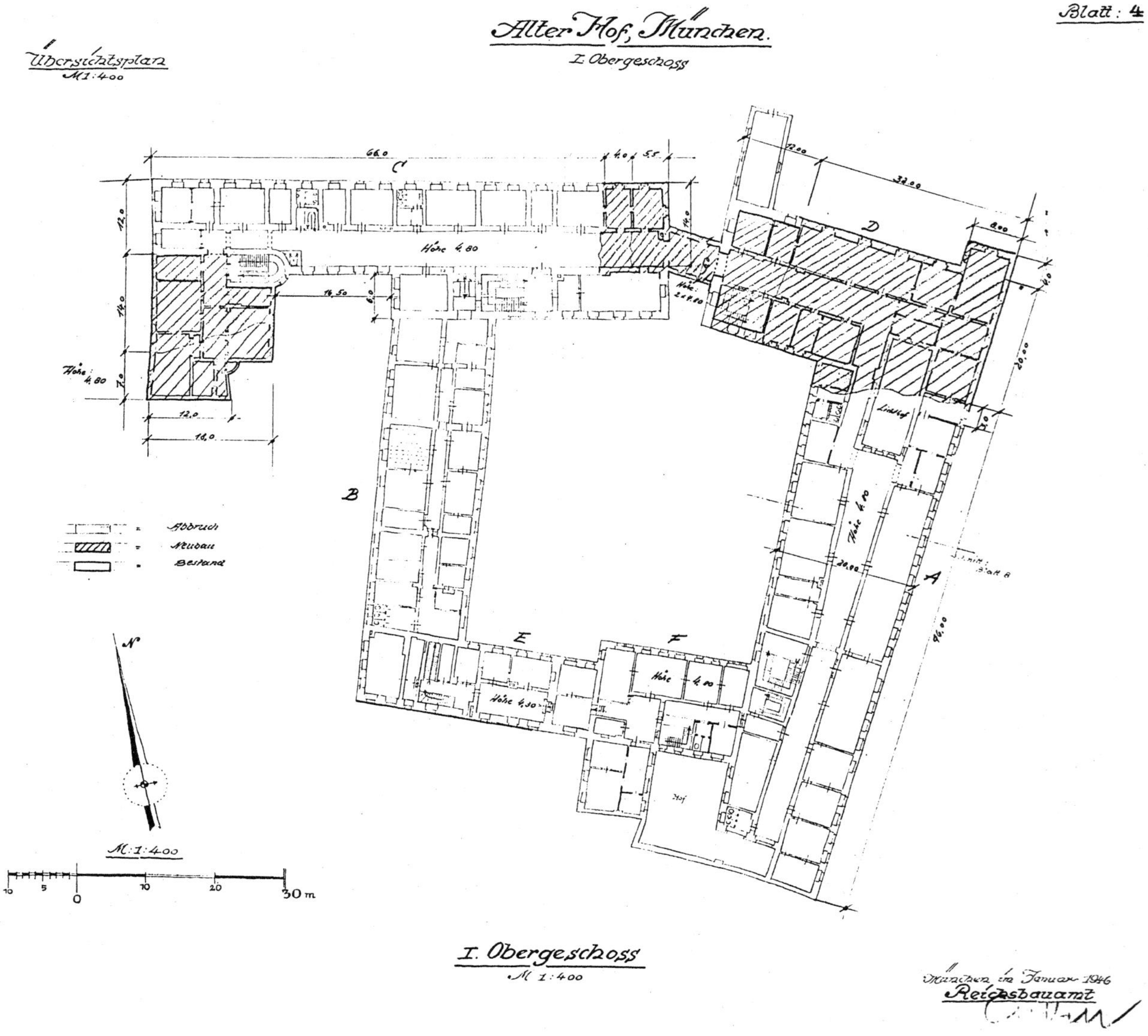

Alter Hof, München.
I. Obergeschoss

Übersichtsplan
M 1:400

Höhe 4.80

Höhe 4.80

= Abbruch
= Neubau
= Bestand

N

M 1:400

I. Obergeschoss
M 1:400

München im Januar 1946
Reichsbauamt

Abb. 104 Schadenskartierung und Überlegungen zum Wiederaufbau, 1946 (Planverzeichnis Nr. 12.1).

138

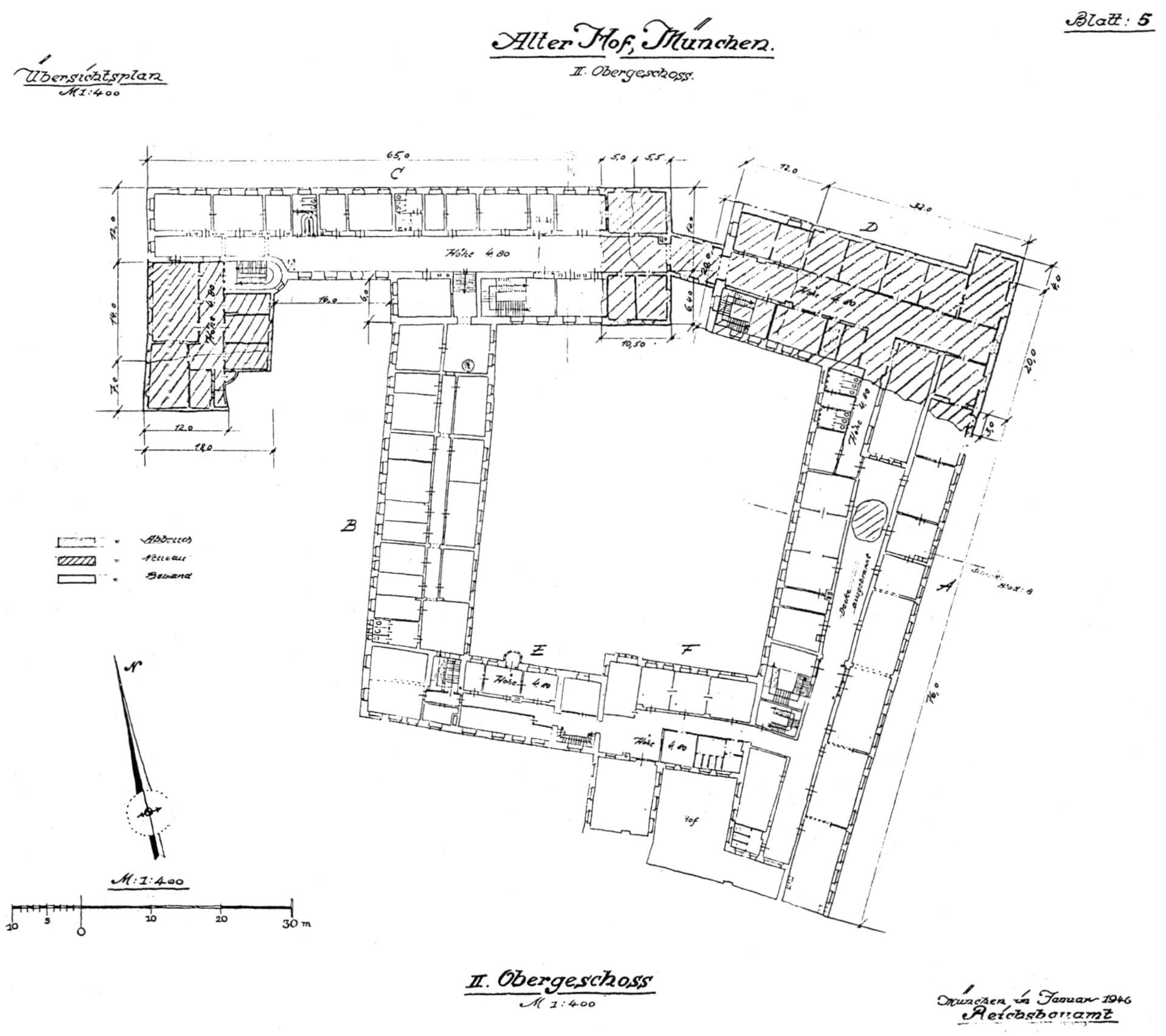

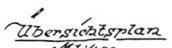

Alter Hof, München.

II. Obergeschoss.

Übersichtsplan
M 1:400

C

Höhe 4.80

D

B

E   F

Hof

II. Obergeschoss
M 1:400

M 1:400

München im Januar 1946
Reichsbauamt

Abb. 105   Schadenskartierung und Überlegungen zum Wiederaufbau, 1946 (Planverzeichnis Nr. 12.1).

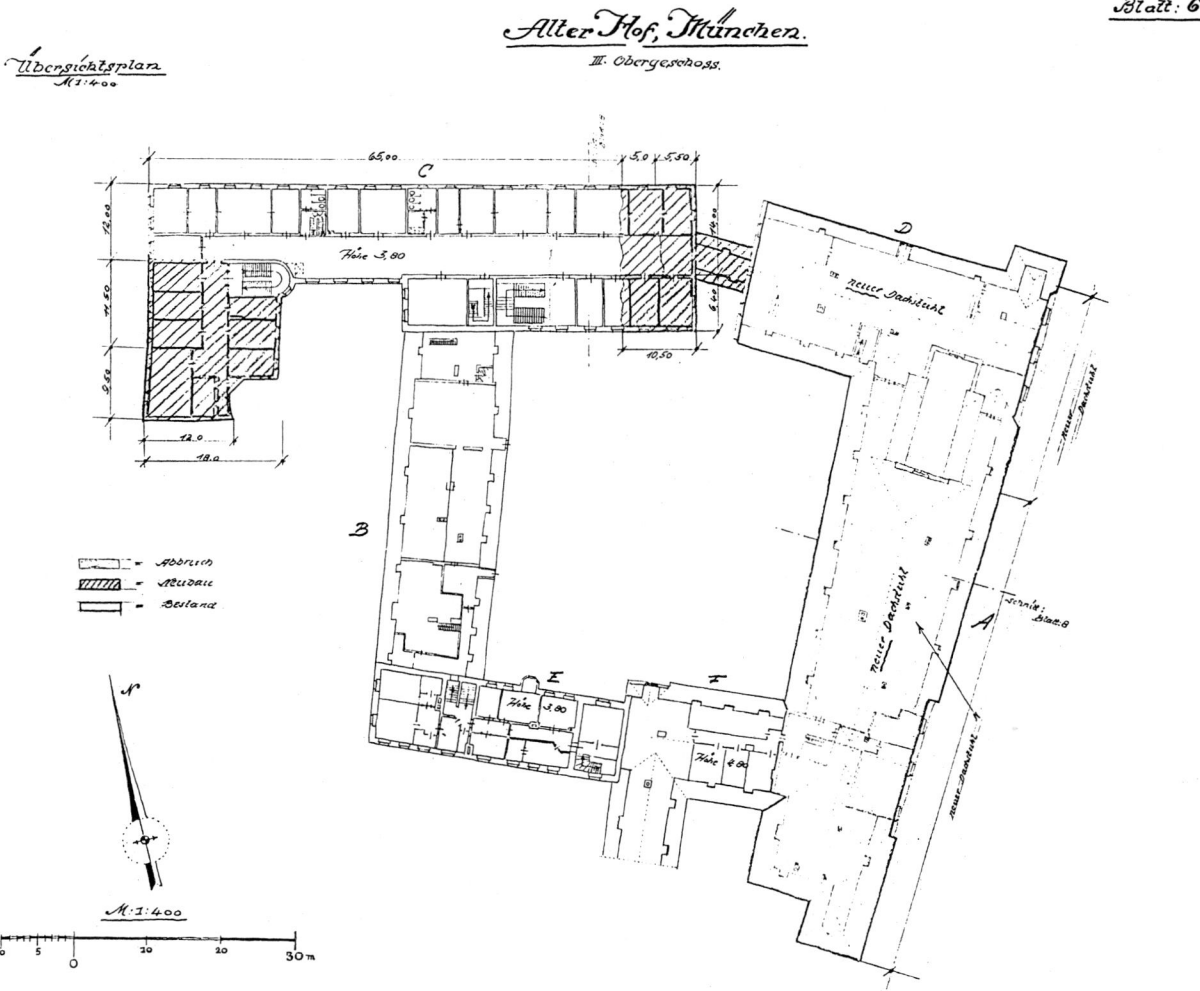

Abb. 106 Schadenskartie-
rung und Überlegungen zum
Wiederaufbau, 1946 (Plan-
verzeichnis Nr. 12.1).

140

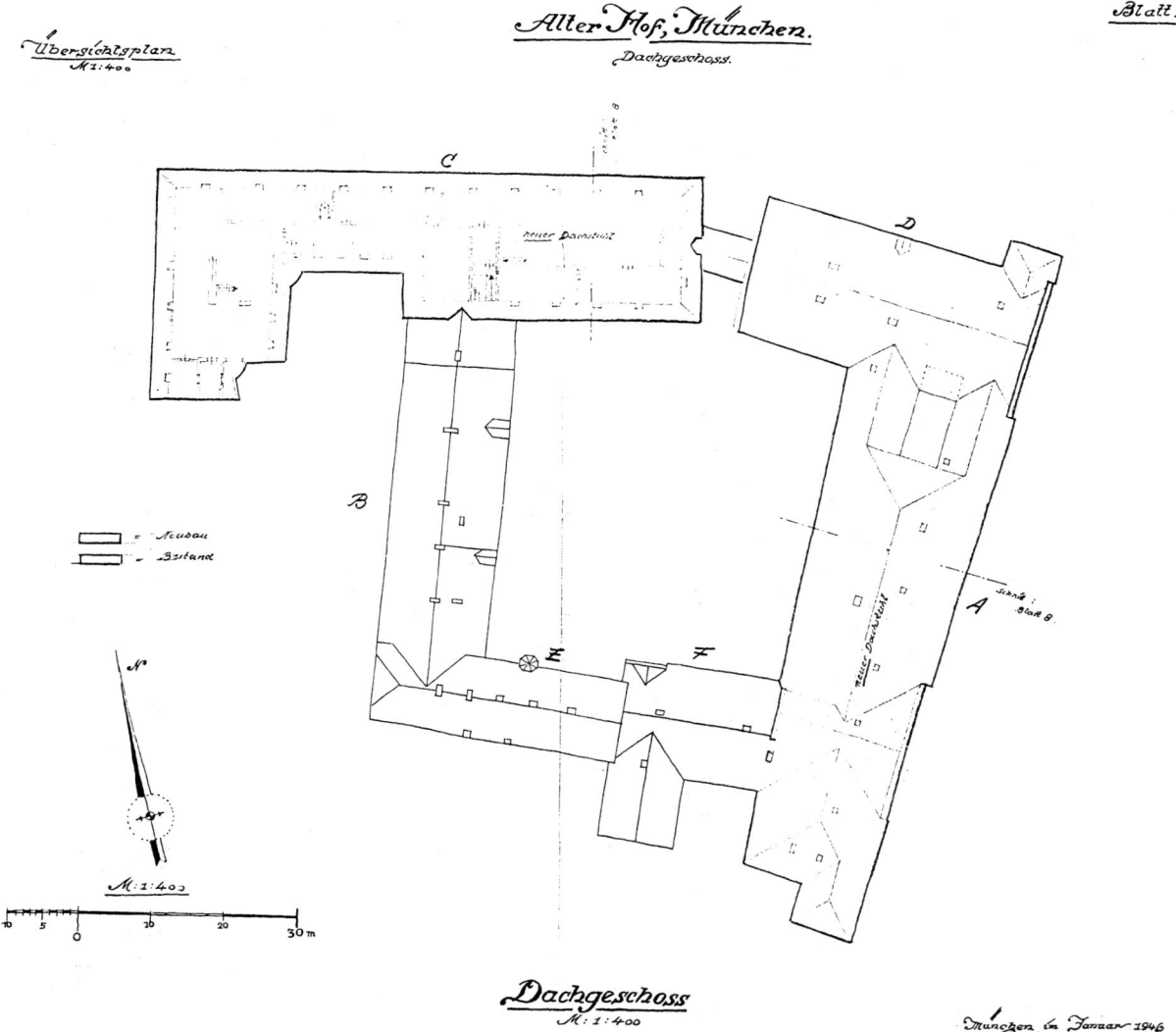

Alter Hof, München.
Dachgeschoss.

Übersichtsplan
M 1:400

Neubau
Bestand

Dachgeschoss
M: 1:400

München im Januar 1946
Reichsbauamt

Abb. 107   Schadenskartierung und Überlegungen zum
Wiederaufbau, 1946 (Plan-
verzeichnis Nr. 12.1).

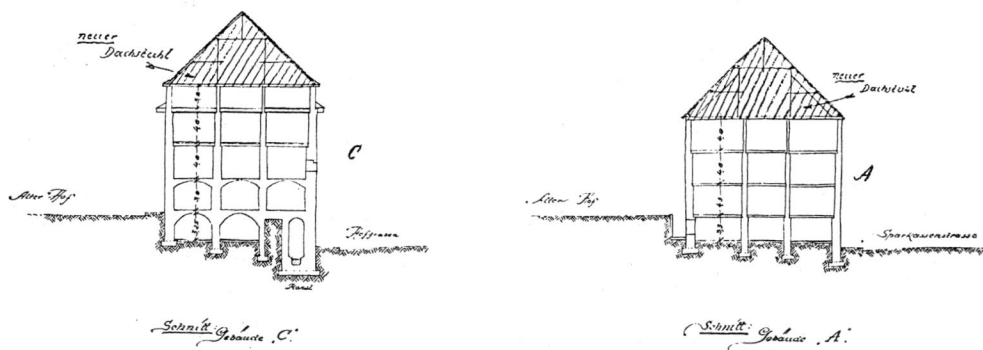

Abb. 108 Schadenskartierung und Überlegungen zum Wiederaufbau, 1946 (Planverzeichnis Nr. 12.1).

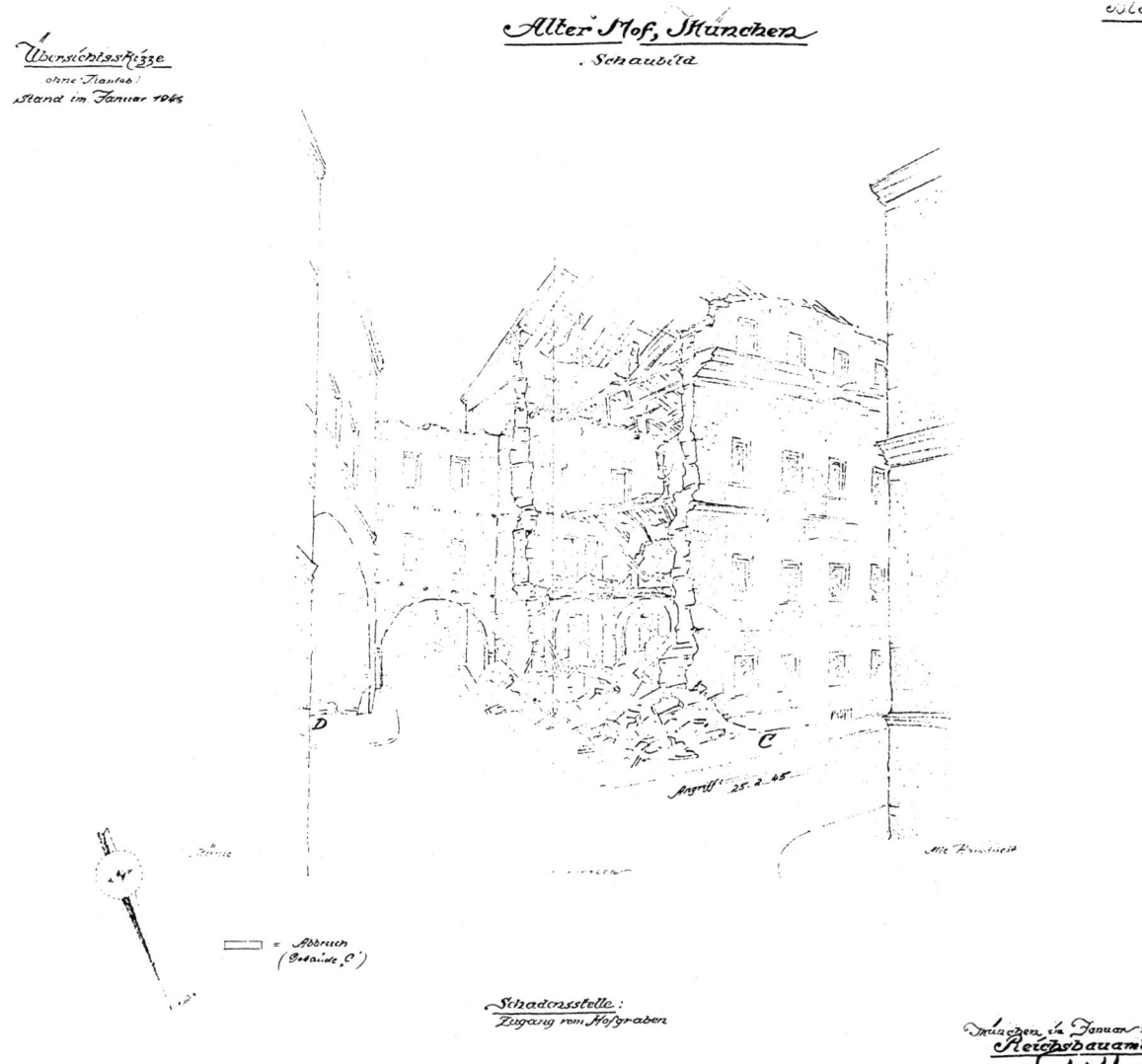

Abb. 109   Schadenskartierung und Überlegungen zum
Wiederaufbau, 1946 (Plan-
verzeichnis Nr. 12.1).

143

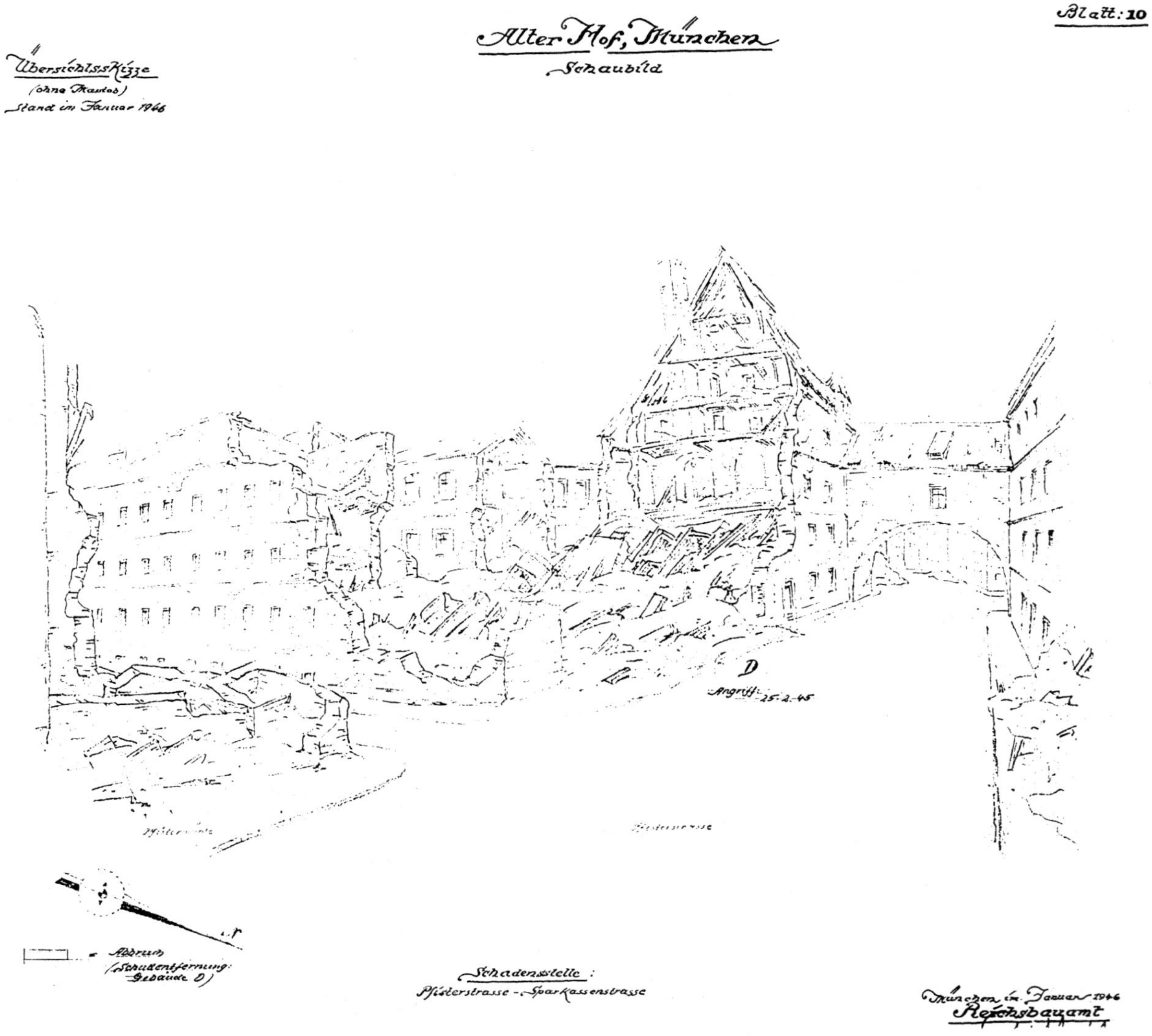

Alter Hof, München
Schaubild

Übersichtsskizze
(ohne Maßstab)
Stand im Januar 1966

Angriff: 25.2.45

D

Abbruch
(Schuttentfernung:
Gebäude D)

Schadensstelle:
Pfisterstrasse – Sparkassenstrasse

München im Januar 1946
Hochbauamt

Abb. 110   Schadenskartierung und Überlegungen zum Wiederaufbau, 1946 (Planverzeichnis Nr. 12.1).

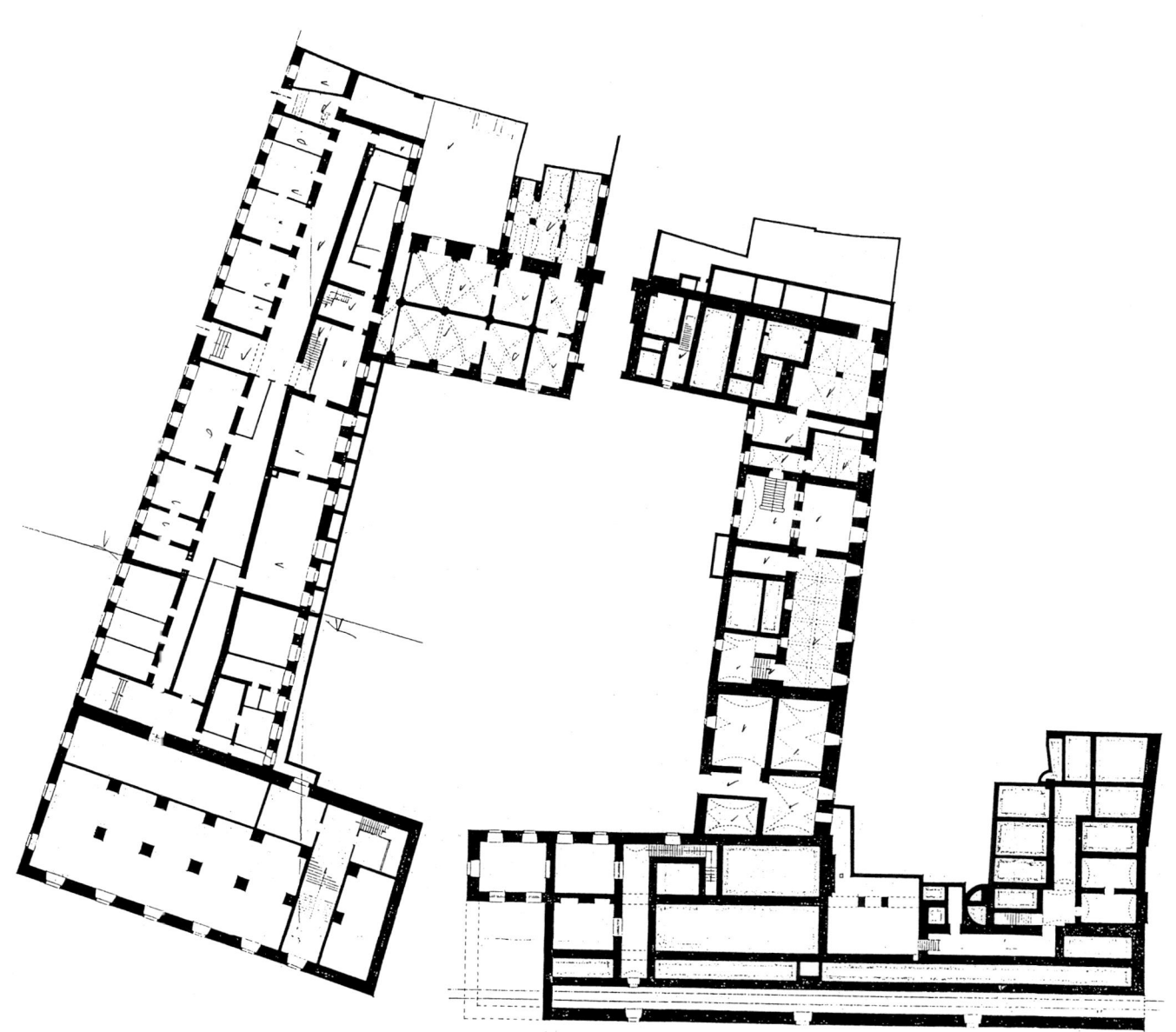

Abb. 111   Wiederaufbau-
planung des Reichsbauam-
tes, Ausschnitt, 1946/47
(Planverzeichnis Nr. 12.2).

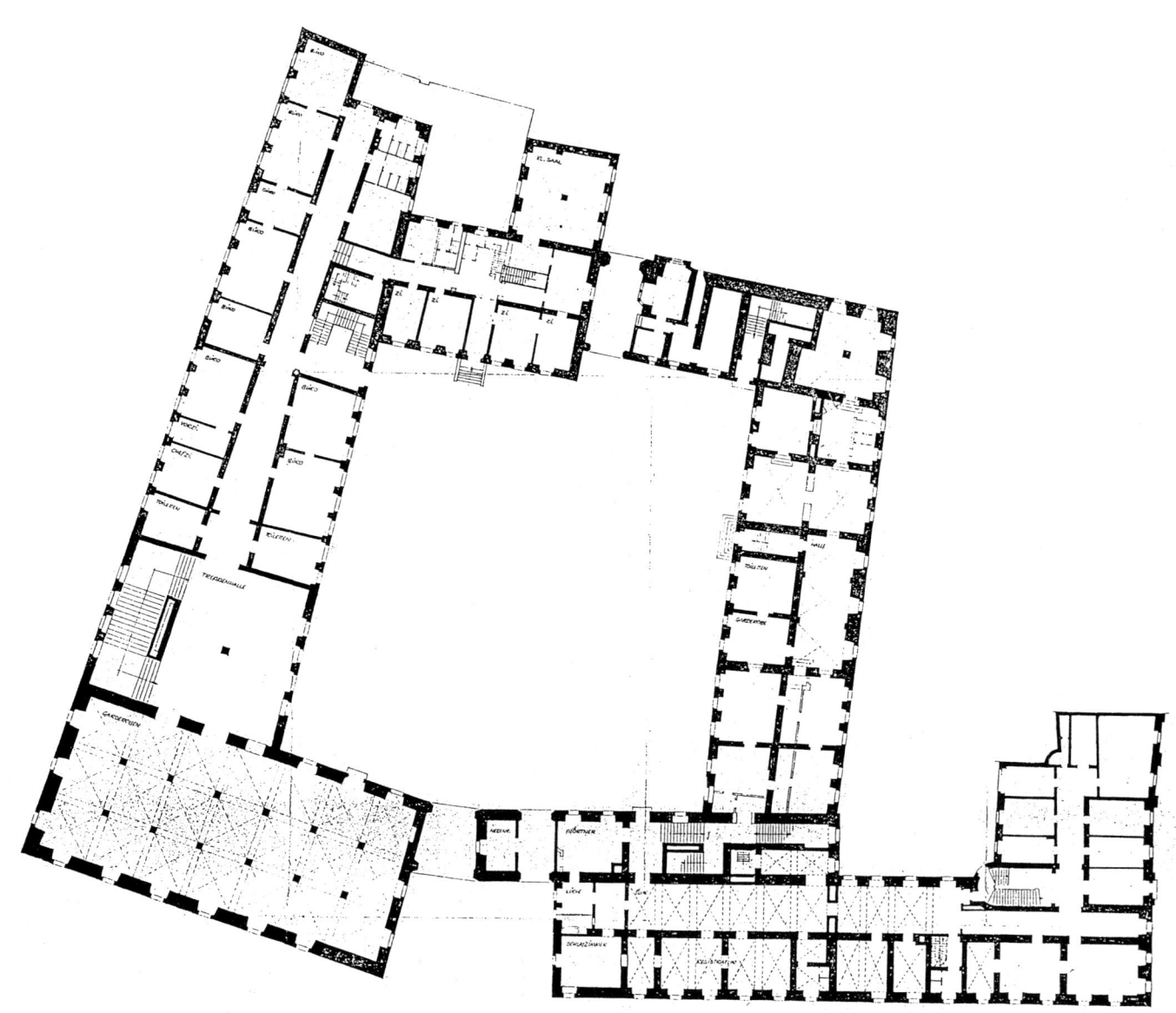

Abb. 112 Wiederaufbau-
planung des Reichsbauam-
tes, Ausschnitt, 1946/47
(Planverzeichnis Nr. 12.2).

146

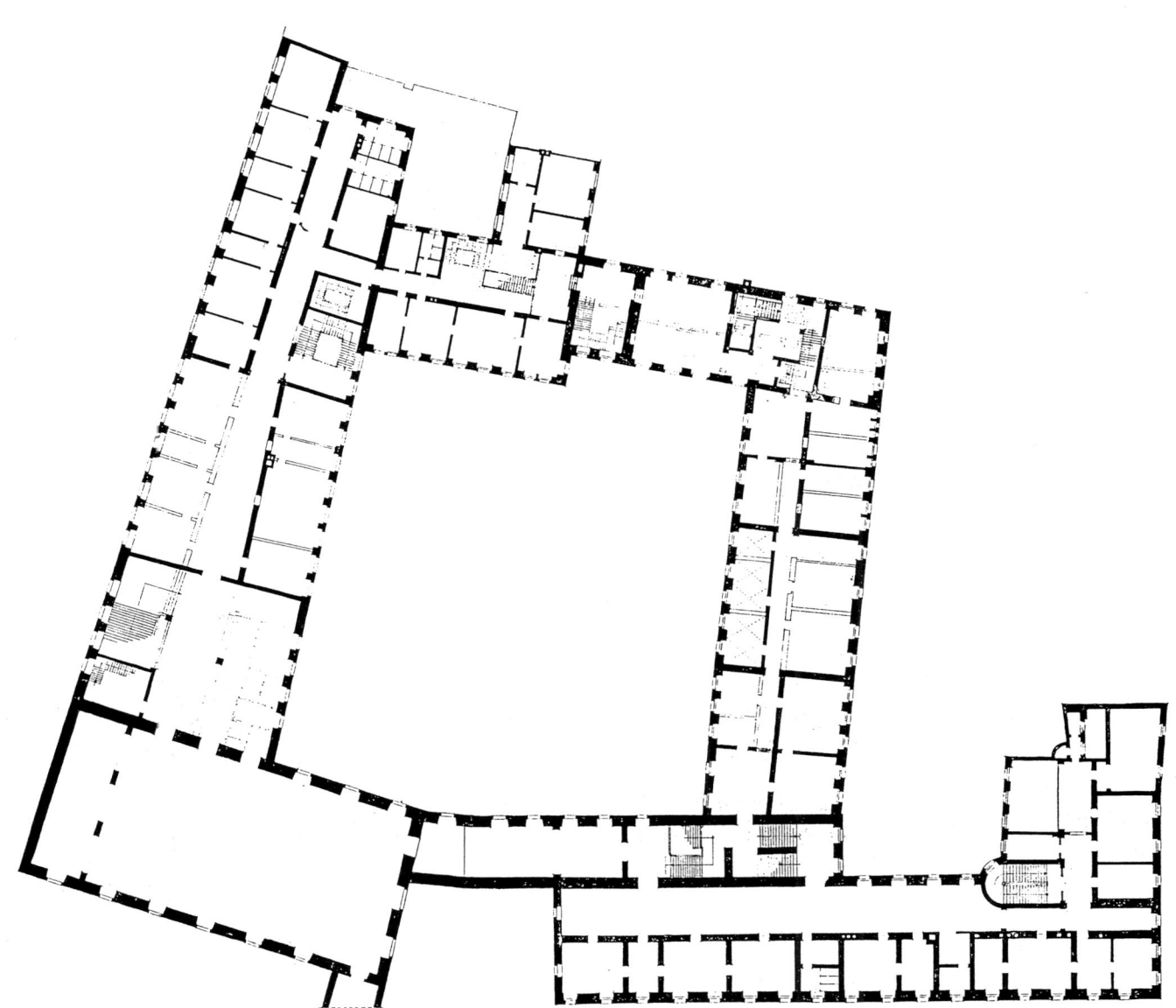

Abb. 113 Wiederaufbau-
planung des Reichsbauam-
tes, Ausschnitt, 1946/47
(Planverzeichnis Nr. 12.2).

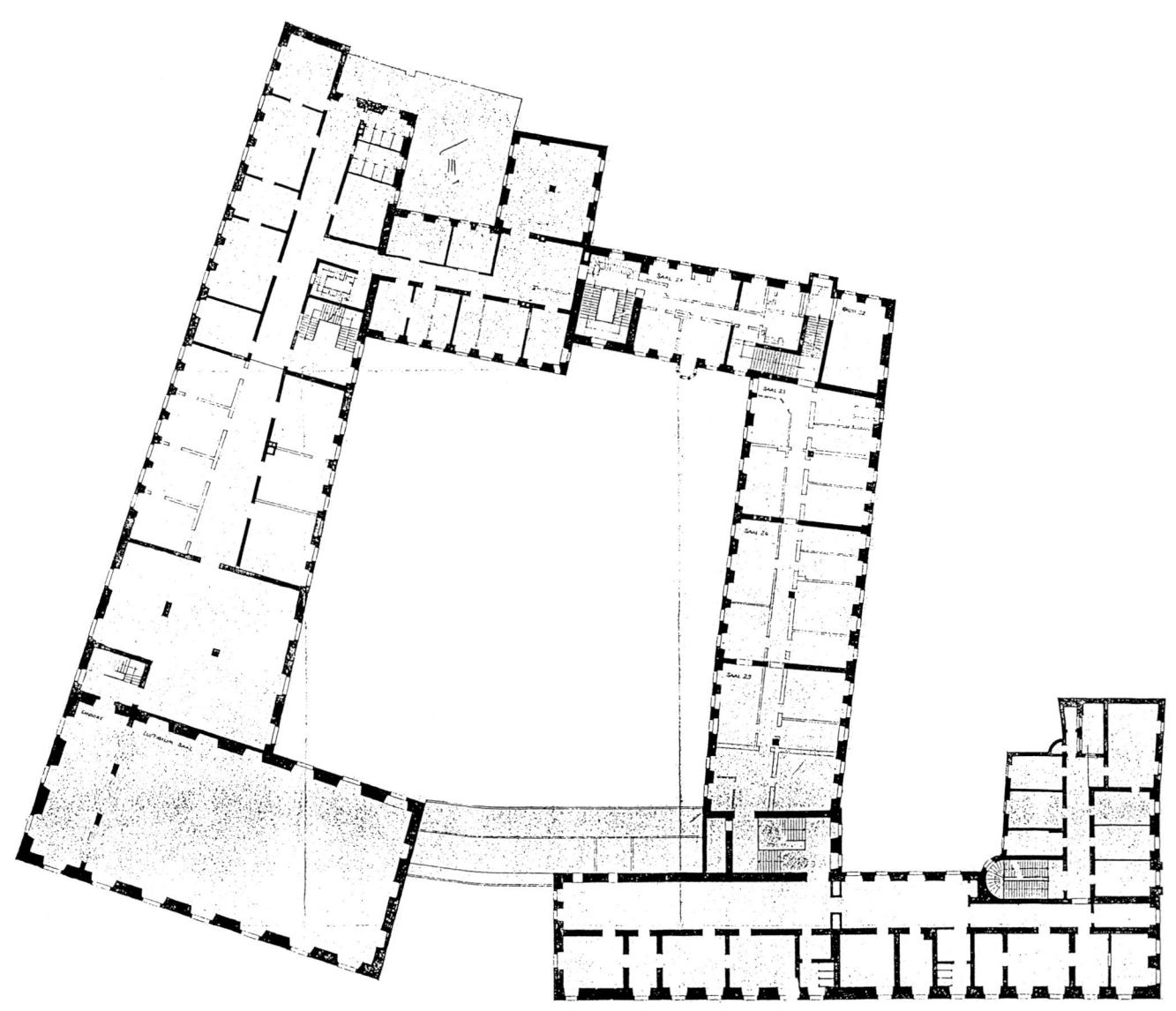

Abb. 114   Wiederaufbau-
planung des Reichsbauam-
tes, Ausschnitt, 1946/47
(Planverzeichnis Nr. 12.2).

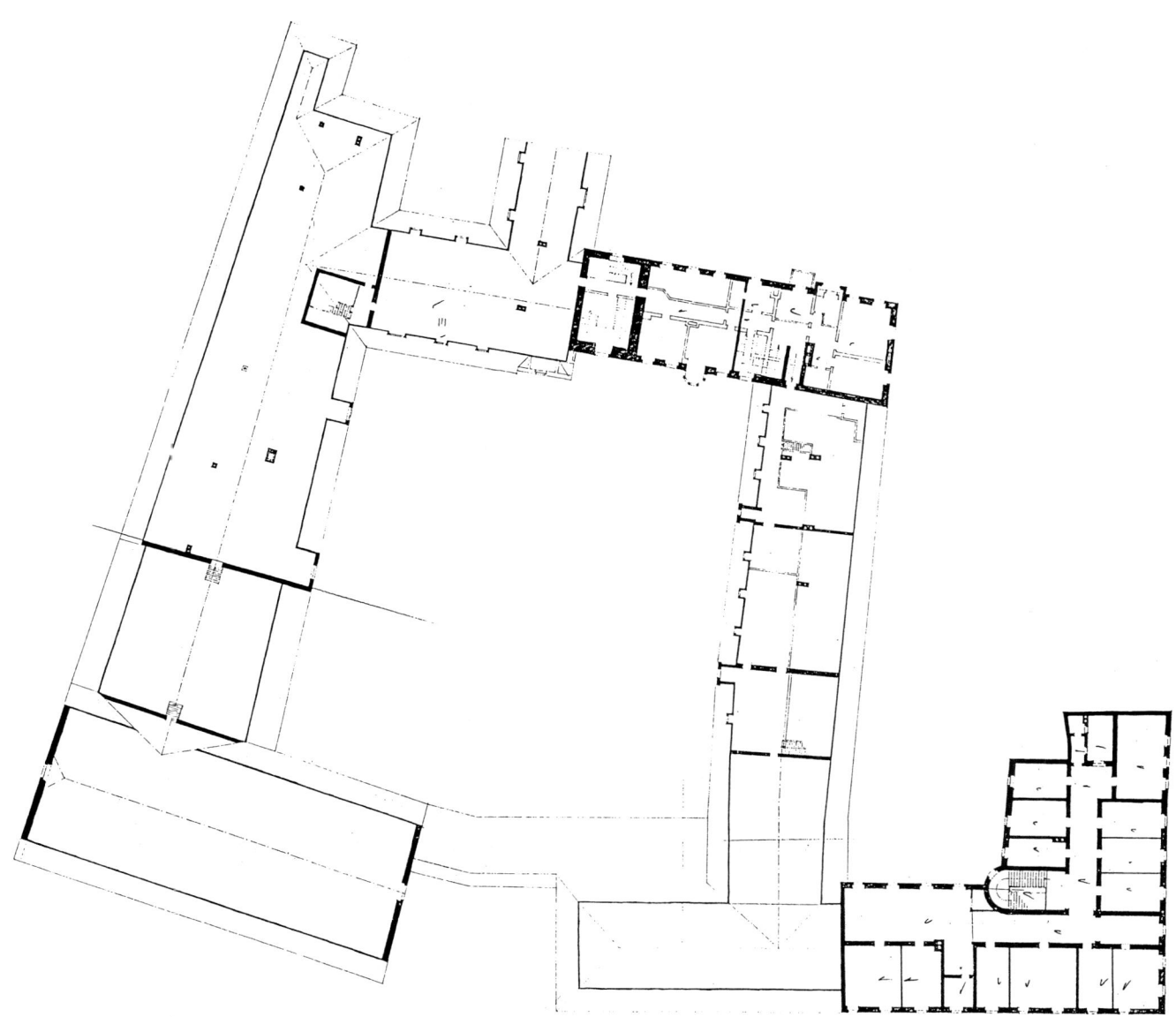

Abb. 115 Wiederaufbau-
planung des Reichsbauam-
tes, Ausschnitt, 1946/47
(Planverzeichnis Nr. 12.2).

HOFANSICHT GEGEN SÜDEN · MASSTAB 1:100

Abb. 116   Wiederaufbau-
planung des Reichsbauam-
tes, Ausschnitt, 1946/47
(Planverzeichnis Nr. 12.2).

HOFANSICHT GEGEN WESTEN : MASSTAB 1:100

Abb. 117   Wiederaufbau-
planung des Reichsbauam-
tes, Ausschnitt, 1946/47
(Planverzeichnis Nr. 12.2).

Abb. 118 Wiederaufbau-
planung des Reichsbauam-
tes, Ausschnitt, 1946/47
(Planverzeichnis Nr. 12.2).

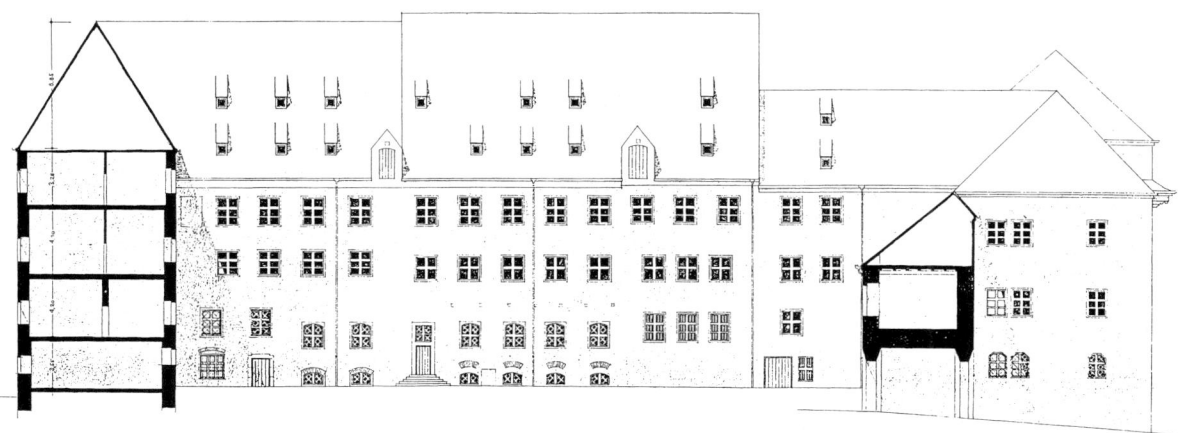

HOFANSICHT GEGEN OSTEN · MASSTAB 1:100

Abb. 119 Wiederaufbau-
planung des Reichsbauam-
tes, Ausschnitt, 1946/47
(Planverzeichnis Nr. 12.2).

Abb. 120 Wiederaufbau-
planung des Reichsbauam-
tes, Ausschnitt, 1946/47
(Planverzeichnis Nr. 12.2).

Ansicht gegen die Sparkassenstrasse · Masstab 1:100

Abb. 121 Wiederaufbau-
planung des Reichsbauam-
tes, Ausschnitt, 1946/47
(Planverzeichnis Nr. 12.2).

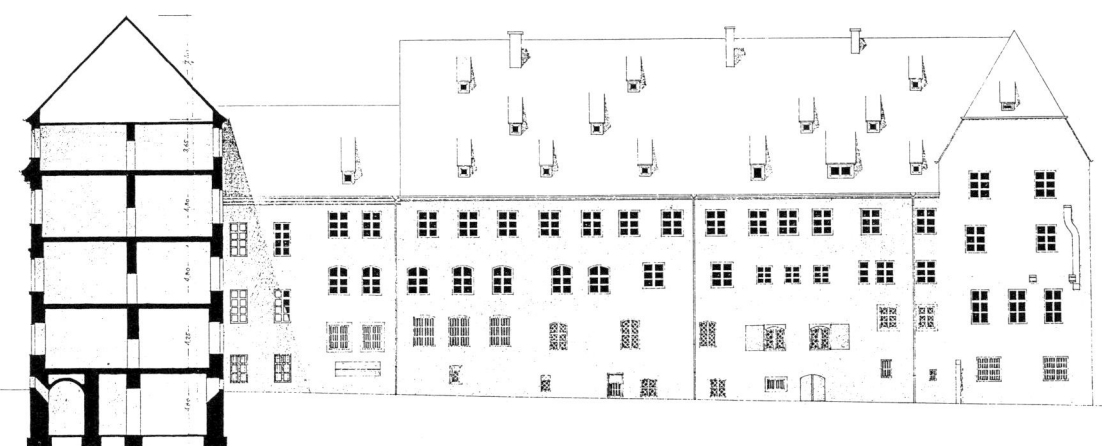

Abb. 122 Wiederaufbau-
planung des Reichsbauam-
tes, Ausschnitt, 1946/47
(Planverzeichnis Nr. 12.2).

153

13.2 Planverzeichnis

1.

20. September 1903, Verfasser: K. Landbauamt München, M 1:100 (Staatl. Hochbauamt Mü.I)

»Tekturplan über die Entwässerungs- & Closetanlage für den Umbau der Königlichen Rentämter in München, Alter Hof.«

Zeichnung: Grundriß Kellergeschoß Littmann-Bau

2.

1. Mai 1913, Verfasser: K. Landbauamt München, M 1:100 (Staatl. Hochbauamt Mü.I)

»K. Generaldirektion der Zölle u. indirekten Steuern. Projekt zum Stockwerksaufbau, Grundriss 1:100«

Zeichnung: Grundriß 3.Obergeschoß (Lorenzistock bzw. Ecke Hofgraben / Dienerstraße)

3.

April 1913, Verfasser: K. Landbauamt München, M 1:100 (Staatl. Hochbauamt Mü.I)

»K. Generaldirektion der Zölle u. indirekten Steuern in München. Projekt einer Niederdruckdampfheizungs-Anlage, Grundriss 1:100«

Zeichnung: Grundriß Kellergeschoß (Lorenzistock bzw. Ecke Hofgraben / Dienerstraße)

4.

20. Februar 1913, Verfasser: Kgl. Landbauamt München, M 1:100 (Staatl. Hochbauamt Mü.I)

»Kgl. Generaldirektion der Zölle u. indirekten Steuern. Projekt zum Stockwerksaufbau. Schnitt = A:B., Grundriss 1:100«

Zeichnung: Grundriß 3. Obergeschoß, Schnitt Ost-West (Lorenzistock bzw. Ecke Hofgraben / Dienerstraße)

5.

14. Januar 1943, Verfasser: Reichsbauamt München, M 1:200 (Staatl. Hochbauamt Mü.I)

»Finanzamt »Alter Hof« München / Kellergeschoß 1:200 / Einbau von Luftschutzräumen für ca. 700 Pers. des Amtes.«

Zeichnung: Grundriß Kellergeschoß (Lorenzistock bzw. Ecke Hofgraben / Dienerstraße, »Schutzraum« Burgstraße)

6.

März 1946, Verfasser: Reichsbauamt München, M 1:200 (Staatl. Hochbauamt Mü.I)

»Finanzämtergebäude »Alter Hof«: Ansicht vom Hofgraben. Maßstab 1:100«

Zeichnung: Ansicht (Lorenzistock bzw. Hofgraben)

7.

1984, Verfasser: Sachgebiet 4, Finanzbauamt, M 1:500 (Staatl. Hochbauamt Mü.I)

»Zentralfinanzamt München / Untersuchung ADV-Anlage« (Bestandspläne)

Zeichnungen: Grundrisse Tiefgeschoß, Kellergeschoß, Erdgeschoß, 1.–3. Obergeschoß

154

8.

1. März 1912, Verfasser: K. Landbauamt, M 1:100 (HStA: OBB 13440): 11 Bestandspläne Brunnen- und Pfisterstock

»Kataster-Pläne des K. Rentamtgebäudes im Alten Hof. K. Stadtrentämter München I II & III« (Colorierte Lichtpausen) Zeichnungen: Grundrisse Kellergeschoß, Erdgeschoß, 1. – 2. Obergeschoß, Dachgeschoß, Schnitt, Ansichten West, West, Süd, Ost, Nord

9.

Januar 1895, Verfasser: K. Landbauamt, M 1:100 (HStA: OBB 13456): 7 Bestandspläne Lorenzistock

»Generaldirektion der Zölle / Direktionsgebäude«

(Lichtpausen) Zeichnungen: Lageplan M 1:500, Grundrisse Kellergeschoß, Erdgeschoß, 1. – 2. Obergeschoß, Dachgeschoß, Ansichten West, Süd

10. Steuer-Kataster-Commission

10.1

1829, (o.V., wahrscheinlich Ziebland, o.M., ca. M 1:100, ca. 70x60 cm) (HStA: OBB KuPl 2795)

»Grundplan eines zu führenden Neubaus im Altenhofe zu Geschäfts Localitäten für die K. Steuer-Kataster-Commission. 1829. I Souterain«.

Zeichnung: Grundriß Kellergeschoß (Pfisterstock und Brunnenstock bis einschließlich Gewölbe der Versteigerungshalle). Bestand Einbockkeller schwarz, Änderungen rot eingetragen.

10.2

ca. 1829, (Georg Friedrich Ziebland, o.M., ca. M 1:100, Tusche, z.T. coloriert) (StadtMus / Graphiksammlung: Slg. Maillinger Bd. II, Nr. 91/2-8)

2 = »Erdgeschoß« (Zeichnung: Grundriß Kellergewölbe, Bestand mit Erweiterungen in rot);

3 = »Erster Stock« (Zeichnung: Grundriß EG);

4 = »Zweiter Stock« (Zeichnung: Grundriß 1.OG);

5 = »Dritter Stock, Mezzanin« (Zeichnung: Grundriß 2.OG, Dachgeschoßwohnung);

6 = (Zeichnung: Dachaufsicht mit Einzeichnung des Blitzableiters in rot, ca. M 1:200);

7 = (Zeichnung: Ansicht Ost u. West, Ausschnitte zu je 2 Achsen, ca. M 1:50);

8 = (Zeichnung: Grundriß Treppenhaus und Wandabwicklung).

10.3

1830, (o.V., evtl. Ziebland, o.M., ca. M 1:300) (HStA: OBB KuPl 7161)

Zeichnung: Ansicht Steuerkatasterkommission West (Hofseite) und Ost (Pfisterbach), Tusche auf Transparent.

11.

(StA: LBA 1315 bis 1331, ab 1804)

11.1

8. Juni 1809, (o.V., o.M., ca. M 1:100) (StA LBA 1315)

»Plan Der in dem ehemaligen la Rosée dermal aber Konigl. Polizey Gebäude herzustellenden 4 Arrest Zimmer«.

Zeichnung: Grundriß Gebäude am Hofgraben mit Eintrag der Änderungen.

11.2

Mai 1815, (o.V., o.M., ca. M 1:100) (StA LBA 1315)

»Plan von den herzustellenden Arresten für Wechsel Schuldner im Entresol des ehmalig gräflich Laroseis Hauses, wo ehvor die Wohnung des Polizey-Kothmeisters [?] gewesend, dermal aber von der K. Spezial Kloster Commission benützt worden ist.«

Zeichnung: Grundriß Gebäude am Hofgraben / Dienerstraße.

11.3

ca. 1816, (o.V., o.M., ca. M 1:100) (StA LBA 1318)

»Aufriß von dem VergroeßerungsBau des Altenhof-Gebäudes in Verbindung mit dem La Roséeisen Hause«

Zeichnung: Ansicht Lorenzistock gegen den Hofgraben. Lithographie, aquarelliert

11.4

ca. 1830, (o.V., o.M., ca. M 1:100) (StA LBA 1318)

»Grundplan über 1 Stiegen von den K: Altenhof Neubau in München«.

Zeichnung: Grundriß Lorenzistock 1.OG

11.5

ca 1840/50, (o.V., o.M., ca. M 1:200) (StA LBA 1318)

»K. General Zoll-Administration. Zu ebener Erde«.

Zeichnung: Grundriß Dienerstr. / Hofgraben, Bleistift auf Transparent.

11.6

20. Mai 1842, (Königliche Pauinspektion München II, o.M., ca. M 1:200) (StA LBA 1318)

»Grundrisse über den nach Abbruch des Laroséethurmes neu zu führenden Bau der königlichen Generalzolladministration«.

Zeichnung: Grundriß Dienerstr. / Hofgraben EG, 1.OG, 2.OG.

11.7

2. Juli 1845, (Königliche Pauinspektion München II, o.M., ca. M 1:200) (StA LBA 1318)

»Facciata des königl. General-Zoll Administrations-Gebäudes zu München«.

Zeichnung: Ansicht Dienerstraße.

11.8

1841, (Königliche Pauinspektion München II, o.M., ca. M 1:200) (StA LBA 1318)

»Entwurf wie der sogenannte Neubau der General-Zoll-Administration in der Dienergasse nach etwaigen Abbruche des Laroséethurmes von ab bis c verlängert werden könnte«.

Zeichnung: Ansicht Dienerstraße.

11.9

1850-1900, (S. Altmann, o.M., ca. M 1:200) (StA LBA 1318)

»Geschäfts-Localitäten des K. Obersten Rechnungshofes, in der 2tn Etag im nördl. Flügl im Altenhof in München«.

Zeichnung: Grundriß, Schnitt Pfisterstock (2 Blatt, Tusche, aqua. ca 20x30cm).

12.0 Hausakt der Lokalbaukommission (Laufzeit ab 1946)

12.1

Januar 1946, (Reichsbauamt München, M 1:400, Blatt 1-10) (LBK 2632, 08.02.1946)

»Alter Hof, München.«

1 = »Lageplan« (Zeichnung: Lageplan M 1:500);

2 = »Kellergeschoß« (Zeichnung: Grundriß KG);

3 = »Erdgeschoß« (Zeichnung: Grundriß EG);

4 = »I. Obergeschoß« (Zeichnung: Grundriß 1.OG);

5 = »II. Obergeschoß« (Zeichnung: Grundriß 2.OG);

6 = »III. Obergeschoß« (Zeichnung: Grundriß 3.OG);

7 = »Dachgeschoß« (Zeichnung: DG);

8 = »Schnitte« (Zeichnung: Schnitt Brunnen- und Lorenzistock);

9 = »Schaubild« (Zeichnung: Perspektive nördliche Hofeinfahrt);

10 = »Schaubild« (Zeichnung: Perspektive Pfisterstock);

12.2

März 1947, (Reichsbauamt München, Regierungsbaurat Castell [Unterschrift], M 1:200) (LBK 05485, 11.03.1947)

»Wiederaufbau »Alter Hof« in München«

Zeichnung: Grundrisse KG, EG, 1.OG, 3.OG, Ansichten u. Schnitte Burghof N, O, S, W, Hofgraben, Zwingerhof, Sparkassenstraße

12.3

1957, (Finanzbauamt München I, Oberregierungsbaurat [Unterschrift], M 1:200) (LBK 47130, 31.07.1957)

»Wiederaufbau Alter Hof, Teil 1 Pfisterstock«

Zeichnung: {Baupläne zum heutigen Bestand Pfisterstock u. Kassenhalle}

12.4

1958/59, (Finanzbauamt München, Oberregierungsbaurat [Unterschrift], M 1:200) (LBK 53907)

Zeichnung: {Wiederaufbauplanung, darin u.a.:

{23.08.58, Plansatz zum Wiederaufbau des Torturms}

{Wiederaufbau Brunnenstock: Änderungen lediglich des internen Grundrisses}

{03.11.58, Burgstock, 2./3.OG: Neubau des zweigeschossigen Flacherkers auf vorhandenen Konsolen}

{Zwingerstock: Risalit: Eintragung Putzband (Rauten vgl. Lebschee) und Sonnenuhr}.

12.5

02.06.1966, (Ing.-Büro Dahmen von Buchholz, Voitstr. 9, München, M 1:200) (LBK 04928, 02.06.1970 Bauaufsichtliche Zustimmung erteilt)

Zeichnung: {Plansatz: Errichtung einer Tiefgarage im Burghof. Ein- und Ausfahrt im Bestand – Neubau Brunnenstock – bereits vorhanden}.

3.3 Anmerkungen

1 Heinrich Habel: Der Alte Hof in München. In: Kunstchronik 5, 51. Jg., Nürnberg 1998, S. 205 ff.

2 Christian Haeutle: Die fürstlichen Wohnsitze der Wittelsbacher in München. Der alte Hof. Unveröffentlichtes Manuskript, 125 Seiten, ca. 1890 (Stadtarchiv München: Slg. Trautmann 162/2).

3 Birgit-Verena Karnapp, Georg Friedrich Ziebland: Studien zu seinem Leben und Werk. In: Oberbayerisches Archiv Bd. 104, München 1979.

4 Hier seien besonders erwähnt die Untersuchung der Dachwerke von Burg- und Zwingerstock 1990/92 durch das Büro für Denkmalpflege und Bauforschung Franz Hölzl, die archäologischen Grabungen 1995/96 durch Dr. Tilman Mittelstraß, Regensburg, die Bauforschung an der Gewölbehalle im östlichen Burgstock 1995/96 durch Dipl.-Ing. Frank Becker, München, und die bisher unveröffentlichte Dissertation von Christian Behrer M.A., Regensburg, die sich u.a. der Frühform des Alten Hofes widmet.

5 Die hier und im folgenden erwähnten Bezeichnungen: Haeutle a. a. O. S. 17 f.

6 U.a. bei K. G. Nagler: Acht Tage in München. Wegweiser für Fremde und Einheimische. München 1863, S. 23.

7 Haeutle a. a. O., S. 3.

8 Unter anderem: Lorenz Westenrieder (1782), Lorenz Hübner (1803), Georg K. Nagler (1834), Edmund Freiherr von Oefele (1851/52), Franz Reber (1876) und C. A. Regnet (1879).

9 Helmut Stahleder: Stadtplanung und Stadtentwicklung Münchens im Mittelalter. In: Oberbayerisches Archiv, Bd. 119, München 1995, S. 264 f.

10 Norbert Lieb: München Geschichte seiner Kunst, München 1971, S. 63.

11 Benno Hubensteiner, Bayerische Geschichte, München 1960.

12 Diese frühmittelalterlichen Plätze sind – hier am Beispiel Münchens – nicht mit den Dimensionen des heutigen Marienplatzes vergleichbar, sondern nur wenige Meter weiter als die regulären Gassenbreiten.

13 Gustav Schneider: Der Werdegang des ältesten Münchner Stadtkerns. In: Oberbayerisches Archiv, Bd. 119, München 1988, S. 183.

14 Ortolf, der der Mauer vorsteht.

15 Dieter Oestreich, Die Entstehung und Entwicklung des Stadtgrundrisses von München (bis zur Mitte des 13. Jahrhunderts). Diss. masch. Technische Hochschule München 1949, S. 35.

16 Schneider 1988, a.a.O., S. 186.

17 Aus diesem Grund kann hier in der nordöstlichen Ecke der ersten Stadt auch schon mit der ersten Registrierung um 1400 herzoglicher Grundbesitz nachgewiesen werden. Dazu muß aber festgestellt werden, daß die Plazierung der Burg an dieser Stelle keineswegs völlig unumstritten ist. Der früheste Herrschersitz wird auch auf dem Petersbergl vermutet, und schließlich weist auch der Name »Altheimer Eck« möglicherweise auf einen ersten frühen Sitz hin. In beiden Fällen konnte bisher aber weder aus Archivalien noch durch Grabungen, soweit sie überhaupt möglich waren, entscheidende Anzeichen gefunden werden.

18 Vgl. Stahleder, a.a.O., S. 264 f.

19 Siehe dazu und dem folgenden: Kapitel 6.1 Frühmittelalterliche Baugeschichte.

20 Vgl. Stahleder, a.a.O., S. 249.

21 Vgl. Stahleder, a.a.O., S. 249.

22 Für ihn führten zunächst bis 1187 seine Mutter, Agnes von Loon, und sein Onkel, Kardinal Konrad von Wittelsbach die Vormundschaft.

23 Vgl. Stahleder, a.a.O., S. 249.

24 Vgl. Stahleder, a.a.O., S. 250.

25 Vgl. Stahleder, a.a.O., S. 254.

26 Elisabeth war die älteste Tochter Herzog Ottos II. und Witwe König Konrads IV.

27 Rudolf I. (1294/1317) ist ein Sohn Ludwig II. (1253/94).

28 Hubensteiner, a. a. O., S. 109.

29 Bei der dendrochronologischen Datierung des mittleren Dachstuhlabschnittes des Zwingerstokkes wurde eine Probe eines einzelnen Holzes, die möglicherweise aus einer Vorgängerkonstruktion des Dachstuhls von 1562 stammt, auf 1371 (Regierungszeit Stephan II.) datiert. Weitere Untersuchungen konnten bisher nicht vorgenommen werden (vgl. Franz Hölzl: München. Alter Hof. Konstruktionsbeschreibung und dendrochronologische Untersuchung der historischen Dachtragwerke. Wörthsee 1990 u. 1992).

30 Vgl. Edmund von Oefele: Zur Geschichte des Alten Hofes 1359 – 64. In: Oberbayerisches Archiv Bd. 33, München 1874.

31 Von 1319 bis 1334 nach Norbert Lieb, a. a. O.

32 Hl. Laurentius, römischer Diakon. Lieblingsschüler des 258 im Zuge der Christenverfolgung enthaupteten Papstes Sixtus II., in dessen Auftrag er die Kirchenschätze unter die Armen und Kranken verteilte, um sie vor dem Zugriff des Kaisers zu retten. Er wurde deshalb auf Befehl des Kaisers Valerian auf einem Feuerrost zu Tode gemartet. Der glühende Rost wurde im Mittelalter sein ständiges Attribut. Neben Stephanus ist Laurentius einer der Stadtpatrone Roms, nördlich der Alpen wurde er zuerst in Bayern verehrt.

33 Vgl. Kapitel 9 Der Alte Hof um 1800 / Johann Paul Stimmelmayr und Domenico Quaglio.

34 Die Unterbringung einer Burgkapelle in einem vorgelagertem Wehrturm scheint im mittelalterlichen Burgenbau nicht ungewöhnlich gewesen zu sein, wie das Beispiel Blutenburg zeigt. Vgl. Erichsen, Johannes (Hrsg.): Blutenburg, Beiträge zur Geschichte Schloß und Hofmark Menzing, München 1983.

35 Norbert Lieb/Heinz-Jürgen Sauermost: Münchens Kirchen, München 1973, S. 11.

36 Ein Stiftungsbrief Ludwig IV. vom 26. Dez. 1318, der bei J.M. Söltl: Die frommen und milden Stiftungen der Wittelsbacher, S. 168, angeführt wird, scheint nach Haeutle schon vor 1590/94 verloren gegangen zu sein, die Stiftung wird nicht mehr erwähnt.

37 Diese Kapelle wird von Werner Wagenhofer bereits mit dem Namen der Hl. Margarethe verbunden. Das muß aber nicht zwangsläufig bereits die Kapelle über der Westempore der späteren Lorenzkirche sein. Vgl.: Wittels-

bach und Bayern. (Ausstellungskatalog). Bd. 1-2, München 1980. Bd. S. 247 f.

38 Zitiert nach Haeutle a. a. O., S. 4f. »(...) der in unserer Stadt München aufgestellten und errichteten und zu Ehren der glorreichen Jungfrau Margarethe heilig geweihten Kapelle geben und übergeben wir (...) alle unsere Zensualen (Personen, die Zins entrichten für die Nutzung eines Zinsgutes oder zum.Zeichen der Abhängigkeit) in unserem Markt Pfaffenhofen (...) und unserem Hof in Oberndorf bei dem Markt Dachau (...) eingeschlossen auch der Hof in Mittersendling wie derselben Kapelle unser Vater seines Angedenkens als Geschenk gab etc. so daß der Priester etc. dieser Art: er soll die Güter und Zuteilungen für die passende und notwendige Ernährung genießen (...)« (Übersetzung Dr. Silke Burmeister)

39 Haeutle, a. a. O., S. 7.

40 Bayerisches Nationalmuseum München, Inv.-Nr. MA 957.

41 Siehe dazu: Hans Rall und Marga Rall: Die Wittelsbacher in Lebensbildern. Graz, Wien, Köln 1985, S. 55 f.

42 Vgl. Franz Reber, Bautechnischer Führer durch München. München 1876, S. 23.

43 Vgl. Kapitel 9 Der Alte Hof um 1800 / Johann Paul Stimmelmayr und Domenico Quaglio

44 Haeutle, a. a. O., S. 92.

45 Haeutle, a. a. O., S. 92.

46 Stadtmuseum München, Sammlung Proebst.

47 Lieb, a. a. O., S. 25.

48 Lieb, a. a. O., S. 20 f.

49 Siehe dazu: Anna Rühl: Der Schrenkaltar in St. Peter in München. In: Oberbayerisches Archiv, Bd. 122, München 1998, S.

57 ff. Dort sind auch Abbildungen der Standfiguren aus der St. Lorenz Kirche zu finden.

50 Vgl.: Wittelsbach und Bayern (Austellungskatalog), München 1980, S. 248 ff.

51 Wittelsbach und Bayern (Austellungskatalog), München 1980, S. 248 ff. Rühl, a. a. O., gibt Figuren und Aufstellung davon abweichend an; demnach war der Aufstellungsort an Wänden und Pfeilern der Hofkirche. Dargestellt sind wahrscheinlich zwei heilige Könige, ehemals im Altarraum der Kirche aufgestellt, und einen Apostel, der seinen Platz im Langhaus hatte.

52 Theodor Müller: Alte Bairische Bildhauer vom Erminoldmeister bis Hans Leinberger. München 1920.

53 Rühl, a. a .O., S. 125.

54 Rühl, a. a .O., S. 121.

55 Hochgrabmal der Königin Beatrix, erste Gemahlin Kaiser Ludwig des Bayern, bald nach 1322 im Chor der Frauenkirche aufgestellt. Fragmente ergraben.

56 Lieb/Sauermost, a. a. O., S. 13.

57 Haeutle, a. a. O., S. 37 3/4.

58 Ludwig war zunächst Markgraf in Brandenburg. 1351 gab er die Markgrafschaft an seine beiden jüngeren (Halb-)brüder (Ludwig der Römer und Potto V.) ab und übernahm Oberbayern und Tirol. Verheiratet war er in zweiter Ehe mit Margarete Maultasch, deren vorhergehende Ehe vom Kaiser 1341 als nicht vollzogen erklärt und 1359 auch vom Papst annulliert wurde. So regierte Ludwig 1351/61 entweder von Schloß Tirol aus oder vom Alten Hof.

59 Otto Meitinger, Die baugeschichtliche Entwicklung der Neuveste. In: Oberbayerisches Archiv, Bd.29, München 1970.

60 Matthäus Zasinger, geb. um 1477 in München, deutscher Kupferstecher und Goldschmied, wird mit dem Monogrammisten M Z identifiziert, der seit 1498 in München nachweisbar ist und als ältester Schüler Albrecht Dürers (Lehrzeit zwischen 1495 und 1500) angesehen wird.

61 Otto Meitinger, a.a.O., S. 213.

62 Es gibt verschiedene Hinweise darauf, daß z.B. am Burgstock der Darstellung entsprechende segmentbogige Fenster mit Schräge vorhanden waren, so wie heute wieder am sog. Risalit des Zwingerstocks. Auch das sich an der rechten Seite öffnende Fenster läßt sich dadurch erklären, daß der Vorgänger des heute wieder vorhandenen Torturmes etwa nur die halbe Breite des Burgstockes einnahm; zwar zeigt schon die Schedelsche Weltchronik von 1493 den markanten größeren Torturm, doch die Tatsache, daß der Kupferstich Zasingers ohnehin im Atelier angefertigt wurde, schließt auch die Möglichkeit ein, daß sich der Künstler nicht unbedingt einer selbstgefertigten oder aktuellen Vorlage für die Architekturdarstellung bedient hat. Auch darf keine naturgetreue Abbildung nach unserem Anspruch erwartet werden: perspektivische Freiheiten, etwa der Fensterausblicke und der Größenverhältnisse innerhalb der Darstellung, sowie die unklare Situation der Ein- oder Zweigeschossigkeit müssen in Kauf genommen werden.

63 Mon. Boic. XXXV P. II p. 385., Zitiert nach Haeutle, a. a. O., S. 45.

64 Haeutle, a. a. O., S. 45.

65 Vgl. Haeutle 1881, a. a. O., S. 80 f.

66 Dendrochronologische Datierung, vgl. Hölzl 1990.

67 Vgl. Haeutle, a. a. O., S. 56.

68 Dr. Tilman Mittelstraß, Regensburg, leitete 1995/96 die Grabungen im Alten Hof, die im Zuge der Fundamenttrockenlegung der gotischen Halle des östlichen Burgstocks die angrenzenden Bereiche, vor allem im Süden vor der Halle und im Bereich des Torturms bis in die Burgstraße hinein (Schnitt durch den ehemaligen Burggraben) untersuchten. Siehe dazu auch: Archäologisches Jahr in Bayern 1995: Stadtarchäologie in München: Ausgrabungen am Dreifaltigkeitsplatz und im Alten Hof. München 1998, S. 177 ff und: Die archäologische Ausgrabung in St. Batholomäus in Markt Indersdorf. Jahrbuch des Vereins für Christliche Kunst in München e. V. Bd. 21. München 1999, S. 215 ff, hier: Anmerkung 11, S. 223.

69 Dipl.-Ing. Frank Becker, München, hat als grabungsbegleitende Maßnahme 1995/96 die Baustrukturen in der gotischen Halle des östlichen Burgstocks untersucht. Der Forschungsbericht ist bisher nicht publiziert.

70 Eine Zusammenfassung und Interpretation der Grabungen und der Bauforschung im Alten Hof enthält die bisher unveröffentlichte Dissertation zur Stadtarchäologie Münchens von Christian Behrer, Regensburg, der seine bisherigen Forschungsergebnisse für die vorliegende Schrift freundlicherweise zur Verfügung gestellt hat.

71 Durch die Grabungen 1995/96 ist diese Mauer, aus zumeist im Binderverband gemauerten Ziegelsteinen als äußere Schalen und einer Auffüllung mit Kieseln in einer mörtelähnlichen Masse (ca. 1,80 m breit), im Bereich des östlichen Burgstocks und des Torturmes nachgewiesen. Photographien der Baumaßnahmen in den 60er Jahren zeigen wiederholt diese Art von Mauer im Bereich des Burg- und Zwingerstockes. Dabei wird die Krone dieser Wehrmauer im Bereich der Oberkante des Fußbodens im südwestlichen Raum des Burgstockes und dem Raum über der südlichen Durchfahrt sichtbar.

72 In späterer Zeit wurden Zwinger auch für die Tierhaltung verwendet, sie haben aber zunächst ausschließlich fortifikatorische Bedeutung. vgl. Otto Piper: Burgenkunde. Bauwesen und Geschichte der Burgen. Frankfurt 1976.

73 Chr. Behrer datiert diesen ersten Torturm in das beginnende und mittlere 13. Jh.

74 Mit der Erweiterung des aus dem späten 18. Jh. stammenden nördlichen Teils des Dallmayrhauses wurde 1912 durch Architekt Eugen Hönig die historische Baulücke geschlossen und dabei die alte Fassadengliederung fortgesetzt.

75 Georg Stockmann: Der Alte Hof in München. Überlegungen zur baulichen Gestalt der hochmittelalterlichen Burg. Unveröffentlichtes Manuskript, das der Verfasser für die Abfassung dieses Textes freundlicherweise zur Verfügung gestellt hat.

76 Das ist daran erkennbar, daß das gemauerte Gewölbe im westlichen Keller des Burgstocks auf den Verputz geführt worden ist.

77 Bestimmung durch dendrochronologische Untersuchung, vgl. Hölzl 1990.

78 Diese Reste befinden sich am Giebel der Nordseite der »Torhalle« und ebenso am Giebel auf

der Südseite des Risalits sowie in einer vermauerten Fensterlaibung.

79 Diese Fensteröffnungen sind heute unter modernem Putz verborgen.

80 Der funktionale Hauptraum aus der Sicht eines Eingangsgebäudes in dieser »Torhalle« wäre der sog. Galgenkeller im Tiefparterre des südlichen Zwingerstocks.

81 Von einem im Burgenbau beliebten Wandbehälter als spitzbogige Nische mit gemalter Maßwerkumrahmung ist hier aufgrund der Tatsache abzusehen, daß der mittlere Zwingerstock in diesem Geschoß bereits auf der Höhe des Dachwerks ist.

82 Die nördlichen Bogenfelder der Pfeilerhalle im Kellergeschoß des mittleren Zwingerstocks weisen je ein zugemauertes spitzbogiges Fenster auf. Im östlich benachbarten Raum sei an der Nordseite eine Steinsäule eingemauert gewesen (»Der alte Hof«, in: Münchner Neueste Nachrichten, 25.02.1928). Hier befand sich vielleicht ein erster Zugang zum Kellergeschoß.

83 Bestimmung durch dendrochronologische Untersuchung. Vgl. Hölzl 1990.

84 Datierung der Malerei von der Hoffassade.

85 Eine Kopie der Zeichnungen Schneiders befindet sich im Akt »Alter Hof, Finanzamtsgebäude Burgstraße 8 / Instandsetzung der Dachungen im Trakt Burgstraße 7 1/2 und am Erker / Einbau einer Gaststätte in den Kellerräumen Burgst. 7 / 1913 – 1956« des BLfD.

86 Plan von E. Ade, publiziert im Bautechnischen Führer von F. Reber 1876.

87 Vgl. Oefele 1874.

88 Zwar sind Pultdächer gegenüber einer Beschießung durch Wurfgeschosse unempfindlicher, doch waren ebenso leichte Dachwerkkonstruktionen üblich, die im Falle einer Belagerung oder eines Brandes abgeworfen werden konnten.

89 Dendrochronologische Datierung, vgl. Hölzl 1990.

90 Dendrochronologische Datierung, vgl. Hölzl 1990.

91 Sie zeigen die Wappen: Bayerische Herzöge – Wittelsbach (Ansicht Burgstraße links) / Visconti – Braunschweig – Grafen v. Görz (Ansicht Burgstraße rechts) / Ludwig d. Bayer (Ansicht Burghof links) / 3 Wappentiere: Habsburg, Grafschaft Pfalz, Böhmen (Ansicht Burghof rechts)

92 Vgl. das Beispiel von Kollenberg, abgebildet bei Piper, a.a.O., S. 345. Leider geben sie keinen Hinweis auf eine Datierung, die Scharten zur Burghofseite wären ein seltenes Beispiel für solche, sind aber für den Beschuß bereits eingedrungener Angreifer wichtig.

93 Hier sind es folgende Wappen: Pfalz-Bayern, Herzogtum Cleve / Visconti von Mailand, Pfalz-Bayern / Ludwig d. Bayer, Tirol (Farben vertauscht), Habsburg / Herzogtum Braunschweig, Pfalz-Bayern / Markgrafschaft Brandenburg, Pfalz-Bayern / Pfalz-Bayern, Grafen von Görz / Tirol (Farben vertauscht), Pfalz-Bayern / Pfalz-Bayern, Österreich-Steiermark / Herzoglich bayrisches Wappen / Bayerisches Staatswappen (seit 1950).

94 Vgl. u.a. Franz Paul Zauner, München in Kunst und Geschichte, München 1914.

95 Vgl. Föringer, a. a. O.: Föringer gibt den Cod. bav. 1602 in der Bayerischen Staatsbibliothek an. Eine Kopie der Darstellung befindet sich in Paris (Federzeichnung, Deckfarbenmalerei, goldgehöht, auf Papier, Gesamtlänge 380 cm. Das ist wohl die älteste Kopie, die den Fresken auch im Stil noch relativ nahe steht. (Siehe auch: Wittelsbach und Bayern (Ausstellungskatalog) Bd. I/2, S. 27.

96 Vgl. Föringer, a.a.O.: Föringer weist auf einen Compromißbrief Ludwig des Reichen von Bayern-Landshut von 14.03.1466 hin, in welchem dem fünfzehnjährigen Christoph und seinem Bruder Herzog Sigmund »die neuen Zimmer und Gebäude« des alten Schlosses eingeräumt werden.

97 Vgl. Thieme/Becker, Bd. 23, S. 540. Mäleßkircher, gest. 1495, seit 1461 in München nachweisbar. Der Alte Hof wird hier nicht erwähnt.

98 Dendrochronologische Datierung, vgl. Hölzl 1990. Da sich eine Probe auf 1371 datieren läßt, wurde hier möglicherweise Material aus einer Vorgängerkonstruktion wiederverwendet.

99 »Bericht über die im Alten Hofe zu München aufgefundenen Wandgemälde. Von dem königlichen Hof- und Staatsbibliothekcustos Föringer.« In: Oberbayerisches Archiv, Bd. 12, München 1851–1852.

100 Bayerisches Hauptstaatsarchiv, MK 14 575.

101 Nagler, a. a. O., S. 23 ff.

102 Reber, a. a. O., S. 23 f. u. S. 243 f.

103 Haeutle, a. a. O., S. 49 f.

104 Karl Graf von Rambaldi, Die Münchener Straßennamen und ihre Erklärung, München 1894, S. 14 ff.

105 1,5 bayerische Fuß = 43,8 cm

106 Der Umstand, daß Rambaldi nur von einer Säule spricht und Nagler wie Reber nur von sieben sichtbaren Figuren, könnte dar-

107 Von der »Münchner Fürstenreihe« gibt es zahlreiche bis ins 17. Jahrhundert reichende Kopien. Die früheste, die dem Original auch im Stil noch sehr nahesteht, befindet sich in der Pariser Bibliothèque Nationale, Cabinet des Estampes. Diese Kopie der Fürstenreihe auf Papier, Federzeichnung mit goldgehöhter Deckfarbenmalerei in einer Gesamtlänge von ca. 380 cm, zeigt insgesamt 61 bayerische Herzöge, von den Anfängen bis auf Herzog Sigismund. Darauf hat schon Föringer hingewiesen.

108 Thomas Guggenberger, 1815–1882, Schüler der Münchner Akademie unter Schnorr von Carolsfeld, vornehmlich als Freskomaler tätig. (Thieme-Becker, Bd. 15, S. 251)

109 Für den Namen Sandtner gibt es unterschiedliche Schreibweisen: er selbst schrieb auf der Unterseite der Grundplatte des Stadtmodells von Straubing »Sandner«. Daneben gibt es aber auch noch die Schreibweisen Sanndtner, Sanndtner oder Sandtner. Letzte Scheibweise ist verbreitet, so auch bei Thieme /Becker, Bd. 29, S. 400.

110 Das im Maßstab etwa nur halb so große Modell Sandtners von seiner Heimatstadt Straubing (M 1:1666) ist wohl als erstes und noch ohne Auftrag entstanden. Die Modelle wurden zunächst in der herzoglichen Kunstkammer aufbewahrt, bis sie nach manchen Irrwegen schließlich mit der Gründung des Bayerischen Nationalmuseums, München

1858, dort ihren endgültigen Aufbewahrungsort gefunden haben. Die Grundfläche des Modells von München beträgt 199/189 cm.

111 Alexander Freiherr von Reitzenstein: Die alte bairische Stadt in den Modellen des Drechslermeisters Jakob Sandtner, gefertigt in den Jahren 1568–1574 im Auftrag Herzog Albrechts V. von Bayern. München 1967, S. 6.

112 Es gibt Ausnahmefälle. So wurde der Turm von St. Peter aus massivem Holz gearbeitet, das ausgebohrt wurde.

113 Reitzenstein, a.a.O., S. 14.

114 Einzelheiten dazu siehe Gustav Schneider: Zu den Zeichnungen. In: Häuserbuch der Stadt München, Bd. 1 Graggenauer Viertel, München 1958.

115 Reitzenstein, a.a.O., S. 12.

116 Reitzenstein, a.a.O., S. 18.

117 Haeutle, a.a.O., S.60 ff.

118 Bei Stimmelmayr (vgl. Kapitel 9 Der Alte Hof um 1800 / Johann Paul Stimmelmayr und Domenico Quaglio) ist diese Dachform noch zu sehen.

119 Gelegentlich, so auch bei Haeutle, wird dieser Turm als »Pfefferbüchse« bezeichnet, heute ist die Bezeichnung »Affenturm« gebräuchlich, da dieser Turm mit der Legende des Affen, der einen Säugling aus der Familie der Wittelsbacher auf einen Turm verschleppt haben soll, in Verbindung gebracht werden soll. Allerdings schmückte früher die Steinfigur eines Affen den Treppenturm am Chor der Hofkirche; vgl. Kapitel 9 Der Alte Hof um 1800 / Johann Paul Stimmelmayr und Domenico Quaglio.

120 Vgl. Haeutle, Christian: Die Reisen des Augsburgers Philipp Hainhofer nach Eichstätt, München

und Regensburg in den Jahren 1611, 1612 und 1613. In: Zeitschrift des Historischen Vereins für Schwaben und Neuburg 8, 1881.

121 Siehe dazu Kapitel 8 Baumaßnahmen in Renaissance und Barock.

122 Franz Hölzl: Konstruktionsbeschreibung der erhaltenen historischen Dachtragwerke im Alten Hof, Wörthsee 1992.

123 Franz Hölzl: Schreiben an Finanzbauamt vom 23.3.1990.

124 Ab 1819 wurde der Komplex als Münzgebäude genutzt, seit 1990 ist das Baudenkmal Sitz des Bayerischen Landesamtes für Denkmalpflege.

125 Haeutle, a. a. O., S. 21.

126 Schon in der Weltchronik Hartmann Schedels von 1493 wird von einer Löwin und ihrer Zuchterfolge in München berichtet. Ein eigener Löwen-Meister kommt am bayerischen Hofe schon 1491 vor, der aber später auch Luchse, Leoparden u. Tiger zu betreuen hatte. Die Tiere wurden scheinbar auch als kostbare Geschenke verwendet, beispielsweise von Herzog Albrecht, der 1551 zwei Löwen an den kurfürstlichen Hof nach Heidelberg schenkt und 1554 einen an den Pfalzgrafen Otto Heinrich in Neuburg. Maximilian I. kaufte am 1606 einen Löwen für 400 fl. und 1612 werden noch zwei Bären erwähnt. Der letzte Löwen-Meister Bartholomäus Post starb 1734. Vgl. Haeutle, a. a. O., S. 25.

127 Haeutle 1881, a. a. O., S 81.

128 Zu diesem Zeitpunkt wird die Brauerei zum Platzl verlegt, von wo sie allerdings wegen Platzmangel 1882 nach Haidhausen und in den 80er Jahren des 20. Jh. nach Riem verlegt wurde.

auf hinweisen, daß eine stützende Säule vielleicht schon früher durch eine andere, Teile des Bildes wieder verdeckende Sützkonstruktion ersetzt wurde.

129 Nagler, a. a. O., S. 24 f.

130 Westenrieder beschreibt den Pfisterstock als ehemalige Bibliothek Herzog Albrechts V., die zur Zeit der Veröffentlichung seiner Beschreibungen in die Alte Akademie transferiert wurde. Da Albrecht V. 1579 starb, hat möglicherweise Herzog Wilhelm V. den Bau fortgesetzt. Im Sandtner-Modell (vgl. Abb.) ist folglich noch eine ganz andere Bebauung des betreffenden Geländes zu sehen, lediglich die Verbindungsbrücke zum Münzgebäude existiert bereits.

131 Wilhelm Eckgl, geb. Augsburg 1.Viertel 16. Jh., gest. München 1588. Gilt als Baumeister des Saalbaus der Residenz (St. Georgssaal, 1558/60), des Marstallhofs (1563/67, heute Bayerisches Landesamt für Denkmalpflege) und der 1569 fertiggestellten Kunstkammer (Antiquarium) der Residenz. (Thieme/Becker, Bd. 10, S. 366)

132 Siehe dazu den KG-Plan von 1829 über den Neubau für die Steuerkataster-Kommission über die weiterzuverwenden Bauteile. (Planverzeichnis Nr. 10.1)

133 Vgl. Haeutle, a.a.O., S. 68.

134 1930 wird von der Freilegung von »Kalksteinpfeilern mit frühgotischen Kapitellen« im Pfisterstock berichtet. Auf viereckiger Basis seien 12-eckige Pfeiler mit Würfelkapitellen mit Hohlkehlen in den Ecken. (Bayerische Staatszeitung, 15.12.1930)

135 Stadtplan von München, Wenzel Hollar 1605 und Stadtplan von München, Mathäus Merian 1644.

136 Stadtplan von München, Mathias Paur 1705.

137 Vgl. Abb. 107: am westlichen Ende von »Einfahrt und Hofraum« zwischen Pfister- und Brunnenstock ist ein starkes, zum überwiegend orthogonalen Raster gewinkeltes Mauerstück zu sehen, das zur nordöstlichen Ecke des ersten Münchner Mauerrings gehören muß.

138 Vgl. Münchner Merkur, 26.11.1957.

139 Vgl. Süddeutsche Zeitung, 4.9.1958.

140 Vgl. Haeutle, a.a.O, S. 68.

141 Vgl. BHStA MF 18504.

142 Vgl. Haeutle 1881, a.a.O.

143 Vgl. Hölzl 1990.

144 Vgl. den noch dreigeschossigen Bau im Sandtner-Modell.

145 Vgl. Abbildungen in diesem Band.

146 Vgl. Nagler, a.a.O., S.24.

147 Die Aufzeichnungen Stimmelmayrs, bestehend aus 8 Oktavbänden, sind im Besitz der Kirchenstiftung St. Johann Nepomuk und werden im Archiv der Erzdiözese München und Freising aufbewahrt.
Ein Teil der Aufzeichnungen ist publiziert: Bauer, Richard; Dischinger, Gabriele (Hrsg.): München um 1800. Die Häuser und Gassen der Stadt. Gezeichnet und beschrieben von Johann Paul Stimmelmayr. München 1980.

148 Vgl. Haeutle, a.a.O., S. 83.

149 Vgl. die folgenden Abbildungen.

150 Dieses und die folgenden Zitate beziehen sich auf die unpublizierten Aufzeichnungen Stimmelmayrs.

151 Lateinische Schreibweise für Dikasterion, Bezeichnung für ein Spruchkollegium oder eine Genossenschaft von Rechtsgelehrten, die keine ständige Gerichtsbarkeit ausübt, sondern nur auf Ersuchen von Gerichten Rechtssprüche abgibt. (Brockhaus, Konversations-Lexikon, Leipzig, Berlin, Wien 1892, Bd. 5, S. 306.)

152 Die Dachfläche der Kirche weist bei verschiedenen Darstellungen, so z. B. dem Holzschnitt der Schedelschen Weltchronik von 1493 Dachfenster auf. Im Sandtner-Modell sind sie zwar nicht vorhanden, dafür ist dort eine Standgaupe erkennbar. Vielleicht weist das daraufhin, daß der Dachraum als Bergeraum genutzt wurde.

153 Bei Haeutle wird dieser Raum als kleiner Kreuzgang bezeichnet. a. a.O., S. 34.

154 Vgl. außer den Darstellungen bei Stimmelmayr auch die Innenraumansicht aus der Sammlung Proebst, Stadtmuseum München.

155 Domenico Quaglio, 1787–1837, italienischer Maler und Grafiker, bedeutendstes Mitglied der in München ansässigen Künstlerfamilie Quaglio, 1808–19 Hoftheatermaler in München, Lithographien, Kupferstiche und Gemälde im Stil italienischer Vedutenmalerei des 18. Jahrhunderts. Leitete ab 1833 den Wiederaufbau des Schlosses Hohenschwangau.

156 Vgl. Haeutle, a.a.O., S. 84.

157 BStA, LBA 1315.

158 Johann Andreas von Gärtner (1744 Dresden / 1826 München), seit 1804 Hofbauintendant in München. Franz Thurn (1763 Giesing / 1844 München), Kreisbaurat, baute die Kgl. Münze nach den Plänen von A. von Gärtner um.

159 Die Unterscheidung zwischen dem Polizeihaus und dem La Rosée-Haus ist ab etwa 1800 geläufig und soll auch hier angewandt werden, auch wenn das Polizeihaus ursprünglich zur Gesamtanlage des Anwesens des Grafen La Rosée gehörte.

160 Carl August Lebschée, 1800–1877, Landschaftsmaler und Graphiker, stammte aus einer Elsässer Familie, Schüler der Münchner Akademie. 1852/67 entstanden im Auftrag des Magistrats 27 Aquarellansichten von zum Abbruch bestimmten Gebäuden der Stadt.

161 Die Bildunterschrift Stridbecks bezeichnet das Palais und den Turm: »Der Muggenthaler Thurm sampt dem Schönen Anbau der Gräfin Lassiel Deringen gehörig«.

162 Das Stadtmodell der Gebrüder Seitz, vgl. Abbildung, ist im gleichen Maßstab wie das Sandtner-Modell gefertigt. Entstanden zwischen 1846 und 1868. Bayerisches Nationalmuseum München.

163 Vgl. Lorenz Westenrieder: Beschreibung der Haupt- und Residenzstadt München (im gegenwärtigen Zustande) von Professor Westenrieder. München: Johann Baptist Strobl 1782.

164 BStA, LBA 1315: 1826 war im 1. OG das Ludwigsgymnasium untergebracht. Durch entsprechende Umbaumaßnahmen wurde die Nutzung möglich gemacht. Bis 1830 blieb die Schule in dem Haus.

165 Bei diesem Angriff wurden mehrere Menschen getötet, die sich im Luftschutzraum im Keller aufhielten.

166 Vgl. Kapitel 12 Wiederaufbauplanungen.

167 Hans Wimmer, 1907–1992, geboren in Pfarrkirchen, Studium in München, seit 1949 Professor an der Kunstakademie Nürnberg, hatte sein Atelier in München. Seine Werke sind heute u.a. im Oberhausmuseum Passau und vor allem im Schleswiger Landesmuseum Schloß Gottorf zu sehen.

168 So z.B. Michael Hainhofer, der 1611 von einem großen hölzernen Tonnengewölbe spricht. Vgl. Haeutle 1881.

169 Die bekannten Ansichten von Lebschée und Stimmelmayr geben allerdings keine Auskunft über die Struktur des ehemaligen Saalbaus, da nicht entschieden werden kann, ob sie die Erscheinung vor oder nach diesem Umbau wiedergeben.

170 Westenrieder, a.a.O., schreibt 1782 von einer »jüngst« erfolgten Verlagerung der Bibliothek, eine Quelle zeigt, daß sich 1787 die Hofkammer im Pfisterstock befunden haben muß (BHSTA, MF 18504).

171 Die Dachwerkkonstruktion benötigte lediglich die Außenwände als Auflager, was wiederholt auf den ehemaligen Saalbau hinweist.

172 Vgl. Luftbild 1945, Schadenskartierung 1946.

173 Vgl. u.a. Münchner Merkur, 06./07.08.1958.

174 Vgl. Karnapp, a.a.O., S. 27/28.

175 Georg Friedrich Ziebland, 1800–1873, Schüler von Giovanni Maria v. Quaglio und Karl von Fischer, mit dem er auch zusammenarbeitete und dessen Bauten er nach Fischers Tod 1820 vollendete. Ziebland entwarf u.a. auch die Bonifatius-Basilika und das angrenzende Ausstellungsgebäude, heute die Staatliche Antikensammlung auf der Südseite des Königsplatzes.

176 Vgl. Karnapp, a.a.O., S. 30.

177 Schreiben vom 14. Juli 1830, zitiert nach Karnapp, a.a.O., S. 28.

178 Reber, a.a.O., S. 133.

179 aufgeführt bei Karnapp, a.a.O., S. 30.

180 Bayerischer Architekten- und Ingenieur-Verein (Hrsg.): München und seine Bauten. München 1912, S. 515f.

181 Auch hier sind keine Baupläne erhalten.

182 Maschine zur Datenspeicherung und Verarbeitung durch Lochkarten, ein Vorläufer der EDV.

183 Vgl. Kapitel 6 Von der Frühform der Burg bis zu Sandtners Modell, sowie: Bayerisches Hauptstaatsarchiv, MK 14.575.

184 Beratung durch das BLfD: Dr. Tilman Breuer. Die Unterlagen aus dieser Tätigkeit konnten nicht aufgefunden werden.

185 Vgl. die Darstellung Lebschées von 1810, wo diese Sonnenuhr noch zu sehen ist.

186 Alle Datierungen der Fliegerangriffe: Pläne der Reichsbauamtes München vom Januar 1946 im Hausakt Alter Hof der Lokalbaukommission.

187 Plan »München. Fliegerschäden in der Innenstadt. München im Januar 1946. Stadtbauamt Stadtplanung. M 1:7000«. In: Karl Meitinger: Das neue München. Vorschläge zum Wiederaufbau, München 1946.

188 Vgl. Legende der Abbildung.

189 Die zehn Blätter beinhalten folgende Einzelheiten: Blatt 1: Lageplan, Blatt 2-7: Grundrisse vom Kellergeschoß bis zum Dachgeschoß, Blatt 8: zwei Schnitte, Blatt 9-10: perspektivische Übersichtsskizze zu den beiden wichtigen Bombentreffern. Die Pläne sind datiert: »München, im Januar 1946, Reichsbauamt. (Unterschrift) Castell, Regierungsbaurat.«

190 Die nach 1945 mehrfach anzutreffenden Vorschläge neuer kultureller Zweckbestimmungen ehemaliger Monumentalbauten, die durch die Kriegsereignisse teilweise zerstört wurden und ih-

re ursprüngliche Funktion schon seit der Einführung der Republik verloren haben, also vornehmlich der großen Schloßanlagen der ehemaligen Residenzstädte, haben ihren Hintergrund in dem Widerstreit von geschichtlicher Verpflichtung mit städtebaulicher Verantwortung gegenüber der wirtschaftlichen Notlage und materialmäßigen Armut nach dem Kriege. Eine öffentliche, noch dazu kulturelle Nutzung nach einer Zeit großer Abstinenz war die Legimitation, stadtbildprägende Ensemble für die Zukunft zu erhalten. München hat sich dieser Problematik gestellt im Gegensatz zum Beispiel zu Braunschweig, wo man den gegenteiligen Weg ging und die baulichen Reste des Stadtschlosses abgebrochen hat.

191 Zu erinnern sei hier an die gleich nach Kriegsende von den Freunden der Residenz organisierten Konzerte im Brunnenhof der Residenz.

192 Esterer, Rudolf, 1879–1965, Architekt, seit 1917 Hofbauamtmann, zuständig u.a. für die durchgreifende Instandsetzung der Burgen in Nürnberg und Würzburg, 1939 Honorarprofessor für Denkmalpflege an der Technischen Hochschule München, 1945–52 Präsident der Bayerischen Verwaltung der staatlichen Schlösser, Gärten und Seen, u.a. Entwicklung der Wiederaufbaukonzepte für die großen Schlösser in München, Würzburg und Nürnberg.

193 Schreiben des Bayer. Staatsministeriums des Innern, Bauabteilung vom 10. Januar 1947 an das Landesamt für Denkmalpflege mit der Bitte um Stellungnahme.

194 Der Plansatz »Wiederaufbau Alter Hof« in München besteht aus 5 Grundrissen im Maßstab 1 : 200 und 7 Ansichten im Maßstab 1:100. Im Rahmen der Fassadendarstellungen sind noch 7 Schnitte in die Abwicklung eingefügt.

195 Vgl. die Abbildungen in Karl Meitinger 1946, a.a.O.

196 Leserbriefe an die großen Münchner Zeitungen sowie ein Schriftsatz des BLfD können diese Haltung belegen.

197 Typoskript »Wiederaufbau der Finanzämtergebäude »Alter Hof« (ohne Datum, ca. 1952, ohne Verfasserangabe, wohl finanzamtsintern).

198 Rall / Rall, a.a.O., S. 160.

199 Verschiedene Teilflächen, die zum Gesamtbereich gehörten, sind heute in Privatbesitz, z. B. das Zerwirkgewölbe, der Dallmayr-Hof hinter dem Feinkosthaus, usw.

13.4 Literaturverzeichnis

(Ausstellungskatalog), Wittelsbach und Bayern. Bd. 1-2, München 1980.

Bauer, Richard / Dischinger Gabriele (Hrsg.), München um 1800. Die Häuser und Gassen der Stadt. Gezeichnet und beschrieben von Johann Paul Stimmelmayr. München: Beck 1980.

Bayerischer Architekten- und Ingenieur-Verein (Hrsg.), München und seine Bauten. München 1912.

Behrer, Christian, Stadtarchäologie in München – die frühe Entwicklungsgeschichte Münchens im Spiegel archäologischer Quellen. Diss. Bamberg 1999.

Erichsen, Johannes (Hrsg.), Blutenburg, Beiträge zur Geschichte Schloß und Hofmark Menzing, München 1983.

Fastlinger, M., München im Lichte frühester Geschichte. In: Das Bayerland, Jg. 25, 1913.

Föringer, Bericht über die im alten Hofe zu München aufgefundenen Wandgemälde. Von dem königlichen Hof- und Staatsbibliothekcustos Föringer. In: Oberbayerisches Archiv, Bd.12, München 1851/52.

Glaser, Hubert (Hrsg.), Wittelsbach und Bayern. Die Zeit der frühen Herzöge. Von Otto I. zu Ludwig dem Bayern. Katalog der Ausstellung auf der Trausnitz in Landshut. Bde. 1-2. München 1980.

Habel, Heinrich, Der Alte Hof in München. In: Kunstchronik 5, 51. Jg., Nürnberg 1998.

Haeutle, Christian, Die Reisen des Augsburgers Philipp Hainhofer nach Eichstätt, München und Regensburg in den Jahren 1611, 1612 und 1613. In: Zeitschrift des Historischen Vereins für Schwaben und Neuburg 8, 1881.

Haeutle, Christian, Geschichte der Residenz in München von ihren frühesten Zeiten bis herab zum Jahre 1777 nach archivalischen Quellen bearbeitet von Dr. jur. Christian Haeutle. Leipzig 1883.

Haeutle, Christian, Die fürstlichen Wohnsitze der Wittelsbacher in München. Der alte Hof. Unveröffentlichtes Manuskript, 125 Seiten, ca. 1890 (Stadtarchiv München: Slg. Trautmann 162/2).

Hölzl, Franz, München, Alter Hof. [Konstruktionsbeschreibung und dendrochronologische Untersuchung der historischen Dachtragwerke] Wörthsee 1990 u. 1992.

Hubensteiner, Benno, Bayerische Geschichte, München 1960.

Glaser, Hubert, Die Zeit der frühen Herzoge. Von Otto I. zu Ludwidg dem Bayern. Katalog der Ausstellung auf der Trausnitz in Landshut. Bd. 1-2. München 1980.

Karnapp, Birgit-Verena, Georg Friedrich Ziebland: Studien zu seinem Leben und Werk, Oberbayerisches Archiv, Bd. 104, München 1979.

Lieb, Norbert, München. Geschichte seiner Kunst. München 1971.

Lieb, Norbert / Sauermost, Heinz-Jürgen, Münchens Kirchen, München 1973.

Meitinger, Karl, Das Neue München. Vorschläge zum Wiederaufbau, München 1946.

Meitinger, Otto, Die baugeschichtliche Entwicklung der Neuveste. Ein Beitrag zur Geschichte der Münchner Residenz. Oberbayerisches Archiv, Bd. 92, München 1970.

Müller, Theodor, Alte Bairische Bildhauer vom Erminoldmeister bis Hans Leinberger. München 1920.

Nagler, K. G., Beiträge zur älteren Topographie der Stadt München. Oberbayerisches Archiv, Bd. 10, München 1848.

Nagler, K. G., Acht Tage in München. Wegweiser für Fremde und Einheimische. München 1863.

Oefele, Edmund von, Zur Geschichte des Alten Hofes 1359 – 64. In: Oberbayerisches Archiv, Bd.33, München 1874.

Oestreich, Dieter, Die Entstehung und Entwicklung des Stadtgrundrisses von München (bis zur Mitte des 13. Jahrhunderts). Diss. masch. Technische Hochschule München 1949.

Piper, Otto, Burgenkunde. Bauwesen und Geschichte der Burgen. [München 1912] Frankfurt 1976.

Rall, Hans / Rall, Marga, Die Wittelsbacher in Lebensbildern. Graz, Wien, Köln 1986.

Reber, Franz, Bautechnischer Führer durch München. Festschrift zur zweiten Generalversammlung des Verbandes Deutscher Architekten- und Ingenieurvereine. München (Th: Ackermann) 1876.

Reitzenstein, Alexander Freiherr von, Die alte bairische Stadt in den Modellen des Drechslermeisters Jakob Sandtner, gefertigt in den Jahren 1568 -1574 im Auftrag Herzog Albrechts V. von Bayern. München 1967.

Roederer, Martin, Zur Geschichte des Zentralfinanzamts München. Unveröffentlichtes Typoskript, 112 Seiten, 1941, ergänzt 1952 (Münchner Privatbesitz).

Rühl, Anna, Der Schrenkaltar in St. Peter in München. In: Oberbayerisches Archiv, Bd. 122, München 1998.

Schattenhofer, Michael, Die Bauentwicklung Münchens. In: Oberbayerisches Archiv Bd. 109 (1. Heft) (1984), S. 53 ff. Münchner Stadtanzeiger, 1980 Nr. 38, S. 4-6, Nr. 40, S. 4-6.

Schneider, Gustav, Die Urform des Münchner Bürgerhauses. In: München im Wandel der Jahrhunderte. München 1958.

Schneider, Gustav, Aus der Frühzeit Münchens. Das Altheim-Problem in topographischer Sicht. Münchner Staddtanzeiger 1962 Nr. 1. 2. 4-7.

Schneider, Gustav, Der Werdegang des älteren Münchner Stadtkernes. In: Oberbayerisches Archiv, Bd. 112, München 1988.

Stadtarchiv München (Hrsg.), Häuserbuch der Stadt München. Bde. 1-5, München 1958.

Stahleder, Helmut, Stadtplanung und Stadtentwicklung München im Mittelalter. In. Oberbayerisches Archiv, Bd. 119, München 1995.

Steinlein, Gustav, Die Baukunst Alt-Münchens. Eine städtebauliche Studie über die Münchener Bauweise von der Gründung der Stadt bis Ende des 16. Jahrhunderts. München o.J.

Stridbeck, Johann, Theatrum der Vornehmsten Kirchen, Clöster, Pallaest und Gebeude in Churfürstlicher Residenz Stadt München, Wie solche vor Zeiten vorgestellet hat Johann Stridbeck der Jünger in Augspurg, Wiederum ans Licht gebracht und anjezo mit anmuthigen Commentariis versehen von Karl Spengler. Nunmehr zu finden bey F. Bruckmann in München Anno MCMLXVI [1966].

Weiss, Josef, Führer durch das alte und neue München. München 1925.

Westenrieder, Lorenz, Beschreibung der Haupt- und Residenzstadt München (im gegenwärtigen Zustande) von Professor Westenrieder. München: Johann Baptist Strobl 1782.

Zauner, Franz Paul, München in Kunst und Geschichte. Eine Beschreibung von über 500 geschichtlich und kunsthistorisch bedeutsamen Gebäuden und Denkmälern aus alter und neuer Zeit. (= Das bayerische Oberland in Kunst und Geschichte, Bd.1). München 1914.

13.5 Abbildungsnachweis

Abb. Seite 9: Ausschnitt aus der Ansicht von München in der Schedelschen Weltchronik

Abb. 1, 7, 8, 37, 65: Städtisches Vermessungsamt München, Burmeister, Wallnöfer + Partner

Abb. 3: Lorenz Westenrieder, Beschreibung der Haupt- und Residenzstadt München. München 1782.

Abb. 4: »München mit den Umgebungen. Aufgenommen im Jahre 1807 und gezeichnet durch von Rickauer. Ob. Lieut.«

Abb. 5: »Plan der königlichen Haupt- und Residenzstadt München im Jahre 1852.«

Titelabbildung, Abb. 6 (Inv. Nr. L 115), 11 (Inv. Nr. MS 1/178), 43, 49, 50-53, 63, 64, 108-113: Stadtmuseum München

Abb. 9, 10, 33, 62: Bayerisches Nationalmuseum München

Abb. 12: Staatliche Graphische Sammlung München

Abb. 17, 18: Bayerisches Landesamt für Denkmalpflege

Abb. 19: Piper, Otto: Burgenkunde. Bauwesen und Geschichte der Burgen. Frankfurt 1976.

Abb. 38: Franz Hölzl, Wörthsee

Abb. 40-42, 66: Stadtarchiv München (Hrsg.), Häuserbuch der Stadt München. Bde. 1-5, München 1958.

Abb. 44: Stadtarchiv München

Abb. 46-48: Archiv der Erzdiözese München und Freising

Abb. 54: Städtisches Vermessungsamt München

Abb. 55: Stridbeck, Johann: Theatrum der (...),München 1966.

Abb. 56: Bayerischer Architekten- und Ingenieur-Verein (Hrsg.), München und seine Bauten. München 1912.

Abb. 57, 58, 97, 98, 99: Staatsarchiv München

Abb. 60, 100-107, 114-121: Bayerisches Hauptstaatsarchiv

Abb. 61: Franz Reber, Bautechnischer Führer durch München. München 1876.

Abb. 68: Staatliches Vermessungsamt München

Abb. 69: Karl Meitinger, Das Neue München. München 1946.

Abb. 112-143: Lokalbaukommission München

Alle anderen Abbildungen beim Verfasser.